Formação e gestão de preços

COLEÇÃO PRÁTICAS DE GESTÃO

Série
Gestão comercial

Formação e gestão de preços

Gilberto Porto

Copyright © 2014 Gilberto Porto

Direitos desta edição reservados à
Editora FGV
Rua Jornalista Orlando Dantas, 37
22231-010 I Rio de Janeiro, RJ I Brasil
Tels.: 0800-021-7777 I 21-3799-4427
Fax: 21-3799-4430
editora@fgv.br I pedidoseditora@fgv.br
www.fgv.br/editora

Impresso no Brasil I *Printed in Brazil*

Todos os direitos reservados. A reprodução não autorizada desta publicação, no todo ou em parte, constitui violação do copyright (Lei nº 9.610/98).

Os conceitos emitidos neste livro são de inteira responsabilidade do(s) autor(es).

Preparação de originais: Sandra Frank
Projeto gráfico: Flavio Peralta
Diagramação: Ilustrarte Design e Produção Editorial
Revisão: Aleidis Beltran e Fernanda Mello
Capa: aspecto:design
Imagem da capa: © Joachim Wendler I Dreamstime.com

Ficha catalográfica elaborada pela
Biblioteca Mario Henrique Simonsen/FGV

Porto, Gilberto
      Formação e gestão de preços / Gilberto Porto. – Rio de Janeiro : Editora FGV, 2014.
      104 p. – (Práticas de gestão)

      Inclui bibliografia.
      ISBN: 978-85-225-1471-7

      1. Preços – Determinação. I. Fundação Getulio Vargas. II. Título. III. Série.

                                  CDD – 338.52

Sumário

Apresentação 7

Capítulo 1. O contexto da precificação **9**

Princípios de precificação..9
A influência da concorrência na definição do preço 16
Valor percebido e novas formas de precificação.............................20
O comportamento de compra dos clientes 27

Capítulo 2. Decisões de custo, volume e lucro...............................**31**

Conceitos básicos...31
Ponto de equilíbrio contábil..35
Ponto de equilíbrio econômico 39
Ponto de equilíbrio para vários produtos...42

Capítulo 3. Custos para decisões de preço....................................**49**

Principais métodos de custeio...49
Custeio RKW 56
Custeio variável 64
Mark-up...65
Lucratividade do produto e portfólio..70

Capítulo 4. Estratégia de preços **75**

Escolha da estratégia de preços 75
Táticas de preço 80
Estratégias de preço no varejo 87
Estratégias de preço em serviços..89
Avaliação da política de preços 92

Bibliografia..**99**

Sobre o autor **101**

Apresentação

A Fundação Getulio Vargas (FGV) foi fundada em 1944 com o objetivo de contribuir para o desenvolvimento do Brasil, por meio da criação e da difusão de técnicas e ferramentas de gestão. Em sintonia com esse objetivo, em 1952 a FGV, comprometida com a mudança nos padrões administrativos do setor público, criou a Escola Brasileira de Administração Pública (Ebap). Em seus mais de 60 anos de atuação, a Ebap desenvolveu competências também na área de administração de empresas, o que fez com que seu nome mudasse para Escola Brasileira de Administração Pública e de Empresas (Ebape).

A partir de 1990, a FGV se especializou na educação continuada de executivos, consolidando-se como líder no mercado de formação gerencial no país, tanto em termos de qualidade quanto em abrangência geográfica dos serviços prestados. Ao se fazer presente em mais de 100 cidades no Brasil, por meio do Instituto de Desenvolvimento Educacional (IDE), a FGV se tornou um relevante canal de difusão de conhecimentos, com papel marcante no desenvolvimento nacional.

Nesse contexto, a Ebape, centro de excelência na produção de conhecimentos na área de administração, em parceria com o programa de educação a distância da FGV (FGV Online) tem possibilitado que o conhecimento chegue aos mais distantes lugares, atendendo à sociedade, a executivos e a empreendedores, assim como a universidades corporativas, com projetos que envolvem diversas soluções de educação para essa modalidade de ensino, de *e-learning* à TV via satélite.

A Ebape, em 2007, inovou mais uma vez ao ofertar o primeiro curso de graduação a distância da FGV, o Curso Superior em Tecnologia em Processos Gerenciais, o qual, em 2011, obteve o selo CEL (teChnology-Enhanced Learning Accreditation) da European Foundation for Management Development (EFMD), certificação internacional baseada em uma série de indicadores de qualidade. Hoje, esse é o único curso de graduação a distância no mundo a ter sido certificado pela EFMD-CEL. Em 2012, o portfólio de cursos Superiores de Tecnologia a distância diplomados pela Ebape aumentou significativamente, incluindo áreas como gestão comercial, gestão financeira, gestão pública e marketing.

Cientes da relevância dos materiais e dos recursos multimídia para esses cursos, a Ebape e o FGV Online desenvolveram os livros que compõem a Coleção Práticas de Gestão com o objetivo de oferecer ao estudante – e a outros possíveis leitores – conteúdos de qualidade na área de administração. A coleção foi elaborada com a consciência de que seus volumes ajudarão o leitor a responder, com mais segurança, às mudanças tecnológicas e sociais de nosso tempo, bem como às suas necessidades e expectativas profissionais.

Flavio Carvalho de Vasconcelos
Ebape/ FGV
Diretor

www.fgv.br/ebape

Capítulo **1**

O contexto da precificação

Neste capítulo, serão introduzidos os conceitos fundamentais para definição do preço de um produto ou serviço, o que envolve a análise da demanda, a dos concorrentes, a do valor percebido pelos clientes e a avaliação dos custos.

Serão apresentados, ainda, exemplos de empresas que conseguiram inovar na sua estratégia de precificação.

Princípios de precificação

Importância das decisões de preço

Diversas empresas utilizam como estratégia de preço seguir os preços de seus concorrentes ou, simplesmente, aplicar uma margem sobre o custo de seus produtos.

Contudo, será essa estratégia suficiente para obter sucesso no mercado? Não. É preciso mais. É preciso determinar um preço de venda que possibilite à empresa atingir seus objetivos de mercado.

No entanto, para que isso ocorra, a empresa deve levar em consideração uma série de fatores, entre os quais merecem destaque:

- o valor percebido pelos clientes;
- a sazonalidade da demanda;
- a ociosidade da capacidade produtiva;
- o ciclo de vida dos produtos.

CONCEITO-CHAVE

Precificação
Processo de definição do preço alinhado com a estratégia de mercado da empresa e de seus objetivos financeiros.

Assim, analisar *acertadamente* esses fatores – que devem ser levados em consideração na definição do preço de venda de um produto ou serviço – é preocupação cada vez maior entre os executivos, uma vez que o resultado dos investimentos na melhoria do processo de precificação da empresa pode representar um impacto significativo em sua lucratividade.

Veja-se, a esse respeito, a figura 1.

FIGURA 1: IMPORTÂNCIA DA ESTRATÉGIA DE PREÇO PARA LUCRATIVIDADE

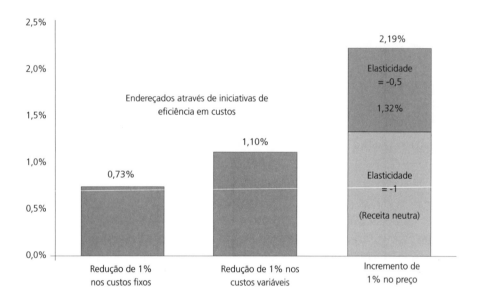

CUSTO FIXO

Dispêndio que não varia proporcionalmente com o volume de produção. Como exemplo, temos os salários dos funcionários efetivos e o aluguel da fábrica.

CUSTO VARIÁVEL

Custo que oscila de acordo com as quantidades produzidas, isto é, aquele que tem relação direta com o volume produzido, como, por exemplo, as comissões de vendedores, a matéria-prima, entre outros.

Por meio de um gráfico comparativo entre as iniciativas das empresas pesquisadas – que buscam reduzir *custos fixos e variáveis*, o que, em geral, é (mais uma) preocupação constante da maioria dos executivos –, a figura 1 mostra o resultado de uma pesquisa realizada com as empresas arroladas pela *Fortune 500*.

Os resultados da pesquisa indicam que os esforços que deram causa à redução dos *custos fixos* das empresas em 1% representaram uma melhoria de 0,73% na lucratividade, enquanto aqueles que deram causa à redução dos *custos variáveis* em 1% representaram um resultado de 1,10%.

Quando se avalia o resultado das iniciativas das empresas que conseguiram aumentar, em média, seu preço de venda em 1%, tem-se um resultado de melhoria de 2,19% na lucratividade.

Processo de definição e alinhamento da política de preços

> **CONCEITO-CHAVE**
>
> A definição do preço de venda de um produto ou serviço deve ser vista como um processo, pois, além de ser uma ação continuada, deve considerar uma série de etapas para que seja bem-sucedida.

O processo de definição do preço de venda envolve a sequência de atividades apresentada a seguir:

Detalhando o esquema acima, temos que:

1. *analisar a estratégia corporativa* significa *entender o ambiente externo*, que envolve fatores *regulatórios* (modelo de regulação quanto a novos concorrentes, necessidade de aprovação de reajustes de preço), *demográficos* (perfil e tendências da população) e *internos à organização*, como a estratégia competitiva que esta utilizará (liderança em custos, enfoque ou diferenciação). Acrescente-se, ainda, o *ambiente econômico* (taxas de juros, inflação, crescimento do PIB) como mais um fator importante para a definição do preço de venda;

2. *avaliar a estratégia de marketing* significa basear-se no posicionamento de mercado, no composto do portfólio de produtos da empresa, nos canais de venda e na comunicação para utilizar a estratégia de preço adequada ao público-alvo da organização;

3. *determinar os objetivos de preços* significa definir, de forma alinhada com os objetivos corporativo e mercadológico, a política de preços da empresa, que inclui a definição clara dos objetivos de curto, médio e longo prazos a serem alcançados. A partir desses objetivos, serão escolhidas as estratégias mais apropriadas ao perfil do consumidor;
4. *avaliar demanda, concorrência e valor* significa avaliar, a partir das estratégias que serão utilizadas pela organização e dos objetivos que esta deseja alcançar, as restrições oferecidas pelo mercado, como *o comportamento da demanda, o que os clientes valorizam* e *o modo de atuação dos concorrentes*;
5. *estabelecer o custo do produto* significa identificar todos os gastos associados à prestação de um serviço ou à fabricação de um produto como forma de auxiliar na determinação do preço de venda a ser praticado pela organização;
6. *definir o preço* significa que as decisões de preço devem resultar do desdobramento das estratégias corporativa e de marketing. Assim, o preço deve seguir e reforçar o posicionamento de mercado.

> **LIDERANÇA EM CUSTOS**
>
> A empresa oferece um produto padrão e procura obter vantagens de custo absoluto e de escala em todas as fontes.
>
> **ENFOQUE**
>
> A empresa que opta por essa estratégia está procurando obter uma vantagem competitiva em apenas um segmento do mercado, que pode ser de enfoque no custo ou enfoque na diferenciação.
>
> **DIFERENCIAÇÃO**
>
> Baseia-se em oferecer produtos, com características específicas, que permitam que se cobre um preço-prêmio por esse produto.

Objetivos da estratégia de precificação

Composta, basicamente, por duas variáveis – receita de vendas e custos totais –, a *lucratividade* é o objetivo de longo prazo da estratégia de precificação.

Sua primeira variável inclui volume de vendas e nível de preços; já a segunda, custos fixos e variáveis incorridos na produção do bem ou serviço.

> **COMENTÁRIO**
> Para atingir a lucratividade desejada, os objetivos de preço devem influenciar o volume de vendas e aumentar a margem praticada pela organização.

A esse respeito, segue o esquema que representa a análise da lucratividade de um produto:[1]

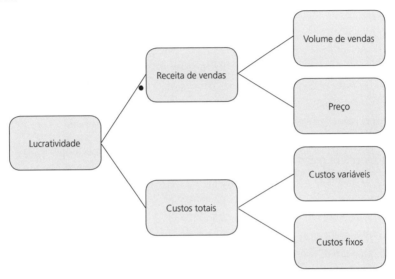

Para entender os fatores que influenciam a lucratividade, deve-se estruturar o processo de definição do preço, que pode seguir duas linhas clássicas conforme ilustrado a seguir.

Para o cálculo do *preço (de venda) baseado no custo*, é preciso determinar o custo do produto e adicionar a este o lucro desejado. A principal limitação dessa metodologia é que o preço estipulado pode ficar muito acima daquele que o cliente se dispõe a pagar.

Preço baseado no valor: Nessa nova forma de pensamento temos um preço definido pelo mercado a partir de quanto o cliente está disposto a pagar por um produto ou serviço. Por isso, esse modelo também é conhecido por preço-meta. O objetivo é aprender o que os clientes valorizam e com isso reorganizar toda a empresa para ofertar apenas esses aspectos.

---

[1] Para conhecer mais sobre determinantes de lucro e sua relação com preço, volume e custo, consultar Baker (2005).

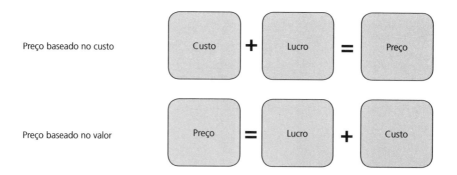

Para implementar o preço-meta, utiliza-se uma sequência estruturada em quatro etapas (Horngren, Datar e Foster, 2004):
1. desenvolver um produto que satisfaça às necessidades do cliente;
2. escolher um preço-meta a partir de informações de clientes e concorrentes;
3. determinar o custo-meta a partir da subtração do lucro desejado do preço-meta; geralmente, o custo-meta é inferior ao custo unitário de um produto e, assim, representa um desafio à reconstrução do produto ou serviço;
4. realizar a engenharia de valor para alcançar o custo-meta, que envolve uma avaliação de todos os aspectos do negócio, com o objetivo de reduzir custos e, ao mesmo tempo, satisfazer às necessidades dos clientes. Como resultado, é possível melhorar o projeto do produto, mudar as especificações dos materiais ou os métodos de produção.

> **CHARLES T. HORNGREN**
> Foi professor emérito na Standford Graduate School of Business.
> Em 1990 entrou para o Accounting Hall of Fame e foi homageado diversas vezes por suas contribuições para a American Accounting Association, onde foi presidente e diretor de pesquisa.
> Entre suas obras, destaca-se *Contabilidade de custos: uma ênfase gerencial*.

Principais fatores que influenciam a escolha dos preços

O resultado final da decisão de escolha das estratégias de precificação deverá melhorar os resultados da organização, que podem incluir, sobretudo, os elementos presentes na figura 2.

FIGURA 2: FATORES QUE INFLUENCIAM A ESCOLHA DA ESTRATÉGIA DE PREÇO

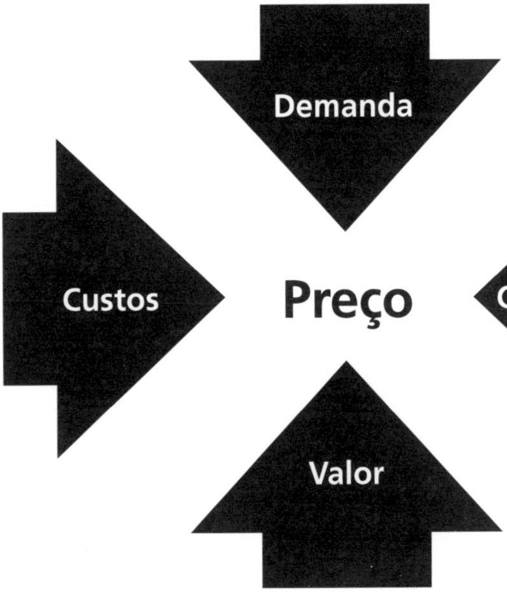

Muitas empresas não conseguem definir adequadamente o preço de venda de seus produtos e serviços devido a erros comuns, como destaca Kotler (2000):

- determinação de preços demasiadamente orientada para custos;
- preços determinados à revelia do mix de marketing;
- falta de um processo sistemático de revisão de preços para acompanhar as mudanças no mercado;
- preços que não variam de acordo com *diferentes itens de produtos, segmentos de mercado e ocasiões de compra.*

Revisão da estratégia de preço

> **PHILIP KOTLER**
>
> Doutor em economia pelo Massachusets Institute of Technology, professor de Marketing Internacional na Kellog Graduate School of Management, da Northwestern University.
> É considerado o *pai do marketing*, tendo definido seus princípios elementares e dedicado boa parte de seu tempo à pesquisa e ao estudo para promover sua difusão.
> Kotler considera o marketing a essência da empresa, afirmando que *o marketing é importante demais para ser feito apenas pelos marqueteiros.* Por conseqüência, todos os profissionais da organização devem fazer marketing e este deve ser o timoneiro da empresa.

Estabelecido o preço de um produto ou serviço, quando revisar a estratégia empregada? A mudança da estratégia de preço deve levar em consideração fatores como:

- durante o ciclo de vida – ao longo do ciclo de vida de um produto, a empresa necessita rever sua estratégia de preço;
- lançamento de novos produtos – a mudança no portfólio obriga a empresa a reavaliar os preços que pratica para evitar a concorrência entre os próprios produtos;

> **MIX DE MARKETING**
> Combinação de elementos variáveis que compõem as atividades de marketing, também chamado de Composto de Marketing.

- mudanças de estratégia dos concorrentes – as mudanças de estratégia dos atuais concorrentes ou a entrada de novos no mercado levam a empresa a avaliar os possíveis impactos sobre suas vendas e revisar a própria estratégia de precificação;
- queda nas vendas – mudanças no volume de vendas que resultem em estoques excessivos levam a empresa a revisar sua política de preços.

A influência da concorrência na definição do preço

O preço da concorrência

Qual a influência dos preços praticados pelos concorrentes na decisão de preço de uma empresa?

Para algumas, a resposta a essa questão estratégica é seguir o preço médio do mercado; para outras, é estabelecer um preço médio inferior ao dos concorrentes. Essas respostas demonstram a influência que o mercado exerce sobre a definição do preço de venda; contudo, o preço do concorrente é apenas uma das informações necessárias à definição do preço de venda, e não a principal ou, nem muitas vezes, a única informação.

Ao analisar a estratégia de preços do concorrente, a empresa deve entender, primeiramente, questões sobre a posição competitiva[2] daquele. Para isso, ela terá de:

- Avaliar os objetivos atuais e futuros da concorrência, ou seja, os concorrentes que estão tentando ganhar mercado para assumir a liderança em seu segmento tendem a ter políticas de preço mais agressivas.

- Avaliar as estratégias atuais da concorrência, isto é, em quais mercados os concorrentes estão buscando crescimento, qual o composto de marketing que estão utilizando e como o preço que praticam pode influenciar essas estratégias.

- Prever estratégias futuras da concorrência, ou seja, antecipar as decisões que esta tomaria para fazer frente a outras ações de mudança de preços.

A partir dessa análise, é possível identificar não só os concorrentes bem-sucedidos, mas também entender sua estratégia de preços e como conquistaram a atual posição. Acrescente-se, ainda, que os concorrentes malsucedidos e os motivos que os levaram a estar nessa situação também podem ser identificados a partir da mesma análise.

Cuidados ao copiar o preço dos concorrentes

Seguir os preços do concorrente exige alguns cuidados importantes para evitar o erro de seguir uma tendência inviável para a empresa.

Alguns fatores que podem fazer o concorrente praticar um preço inferior à média do mercado são:

- estrutura de custos – o concorrente pode ser mais eficiente com uma estrutura menor e, com isso, ter um custo menor;

- negociação especial com fornecedor – por um grande volume de compras de determinado item, uma bonificação ou campanha de incentivos, o concorrente consegue ter um custo unitário menor;

- nível de estoques – problemas de vendas com alguns itens, obsolescência tecnológica, sazonalidade ou mesmo problemas com itens perecíveis costumam levar o concorrente a reduzir os preços para incentivar as vendas;

---

[2] Para conhecer mais sobre análise de concorrentes e sua avaliação competitiva, consultar Hooley, Saunders e Piercy (2005).

- estratégia de preço – cada empresa tem um portfólio e uma estratégia de preço para escolher alguns produtos que serão utilizados com objetivo de atrair novos clientes, o que implica uma estratégia de preço diferenciada;
- diferenciação: uma marca mais forte, produtos diferenciados e serviços agregados costumam atrair o cliente, que se dispõe a pagar mais pelos produtos do concorrente.

Reação às mudanças de preço dos concorrentes e monitoramento

Analisar os preços praticados pelos concorrentes exige um processo diário de pesquisa, avaliação e revisão. Devido ao número de concorrentes e produtos a monitorar, é necessário estabelecer prioridades e focar aqueles produtos que tenham maior impacto junto ao consumidor.

> **CONCEITO-CHAVE**
>
> A priorização costuma basear-se em um *ranking* do volume de vendas, de modo que os produtos mais vendidos, provavelmente, serão adquiridos por um consumidor mais sensível ao preço, o que pode ser determinante para a escolha de uma estratégia futura.
> Para priorizar os produtos que serão monitorados, utiliza-se a curva ABC como ferramenta de apoio; esta classifica os produtos de acordo com o giro de cada um.

Para a construção da curva ABC, é preciso, inicialmente, produzir um relatório que apresente o volume de vendas e o faturamento de cada produto ou serviço vendido pela empresa.

Veja-se a tabela:

O CONTEXTO DA PRECIFICAÇÃO | 19

	A	B	C	D
3	**Produto**	**Vendas**	**Preço unitário**	**Faturamento**
4	Microcomputador	3	R$ 3.200,00	R$ 9.600,00
5	Cadeira	35	R$ 1.760,00	R$ 61.600,00
6	HD	100	R$ 400,00	R$ 40.000,00
7	Monitor de vídeo	5	R$ 800,00	R$ 4.000,00
8	Impressora	2	R$ 1.500,00	R$ 3.000,00
9	TOTAL	145		R$ 118.200,00

A partir dessas informações, o próximo passo é classificar os produtos em ordem decrescente de faturamento. Com esse *ranking*, deve-se calcular a participação percentual relativa de cada produto em relação ao total de vendas da empresa; a venda do produto *cadeira*, por exemplo, no valor de R$ 61.600, representou 52% do faturamento total da empresa no período analisado. O cálculo da participação relativa é realizado com a fórmula:

> **Participação relativa = receita total do produto / receita total da empresa**

Após o cálculo da participação relativa de cada produto e sua classificação em ordem decrescente, é necessário determinar o valor acumulado. No exemplo, o faturamento do produto *cadeira* somado ao do produto HD representa 86% das vendas totais da empresa.

Como resultado, uma nova tabela – como a que está representada a seguir – será construída. Antes, porém, os itens A, B e C devem ser determinados:

- itens A: são os produtos mais significativos; juntos, eles representam até 70% do faturamento total da empresa. Nesse caso, poucos itens concentrarão a maior parte do resultado final;
- itens B: são os produtos que, juntos, representam entre 70 e 90% do faturamento total;
- itens C: são os produtos que, depois da acumulação, representam entre 90% e 100% do faturamento total. Esse grupo concentra o maior número de itens comercializados pela empresa, mas a menor participação relativa.

Segue a tabela:

	A	B	C	D	E	F	G
3	Produto	Vendas	Preço unitário	Faturamento	% sobre faturamento	% acumulado	Grupo
4	Cadeira	35	R$ 1.760,00	R$ 61.600,00	52%	52%	A
5	HD	100	R$ 400,00	R$ 40.000,00	34%	34%	A
6	Microcomputador	3	R$ 3.200,00	R$ 9.600,00	8%	8%	B
7	Monitor de vídeo	5	R$ 800,00	R$ 4.000,00	3%	3%	C
8	Impressora	2	R$ 1.500,00	R$ 3.000,00	3%	3%	C
9	TOTAL	145		R$ 118.200,00	100%		

Estabelecidas as prioridades, é possível, com o uso da curva ABC, monitorar os preços praticados pelos concorrentes diretos, os que estão dentro do grupo de produtos classificado como *grupo A*.

Outra vantagem de acompanhar esse grupo é que, geralmente, o cliente tem uma referência dos preços praticados pelo mercado e utiliza esses produtos para escolher a empresa em que realizará suas compras.

A periodicidade de acompanhamento dependerá da intensidade das mudanças de preço do mercado. Em alguns segmentos, como o varejo de bens de consumo, as mudanças de preço são diárias; já em outros, como o de bens duráveis, as mudanças podem ocorrer semanal ou até mensalmente.

As mudanças nas estratégias de preço utilizadas pelos concorrentes devem ser analisadas pelos gestores, que tomarão as decisões que julgarem necessárias. Algumas opções de reação indicadas por Kotler (2000) são: manter o preço, por entender a mudança como temporária; manter o preço e agregar valor para evitar a depreciação da marca e do produto; reduzir o preço para acompanhar a tendência do mercado, o que pode gerar uma perigosa guerra de preços; lançar um novo produto com preço reduzido para concorrer com seus pares e, paralelamente, preservar o produto e a marca originais.

Valor percebido e novas formas de precificação

Conhecendo o valor percebido pelos clientes

Quando o cliente compara o preço de diferentes produtos, qual a importância deste na sua decisão de compra?

A resposta a essa dúvida, frequente entre executivos de marketing e vendas, está na *análise de valor*, que explica como entender qual estratégia de preço se deve utilizar.

Alguns clientes buscam o preço mais baixo possível, pois não percebem diferença entre os concorrentes ou, então, não estão dispostos a pagar mais por atributos diferenciados, uma vez que estes encarecem os preços dos produtos e serviços.

Assim, fica evidente a importância de entender o valor percebido pelo cliente como um dos elementos que influenciarão a escolha da estratégia de precificação mais adequada ao público-alvo da empresa. A análise do valor percebido gera uma nova forma de pensar o preço praticado, pois a relação entre preço e custo fica em segundo plano.

> **COMENTÁRIO**
>
> Em alguns casos, um preço superior resulta da capacidade de entender as necessidades dos clientes e transformá-las em uma solução adequada, o que não implica necessariamente custos maiores.

Afinal, o que é *valor*? Como entender o que o consumidor valoriza? Saliente-se que este está disposto a pagar *justamente por aquilo que valoriza*.

Para Churchill e Peter (2005), valor é a diferença entre as percepções do cliente quanto aos benefícios que receberá por usar um produto ou serviço e os custos em que incorrerá para recebê-los.

GILBERT A. CHURCHILL JR.

DBA – Doctor of Business Administration – pela Indiana University em 1966. Foi nomeado Distinguished Marketing Educator pela Associação Americana de Marketing, sendo o segundo a receber essa honra. Além desse título, coleciona inúmeros outros, como o prêmio pela obra em vida da Academy of Marketing – 1993 – e o prêmio Paul D. Converse – 1996.
Autor de inúmeros artigos publicados em importantes periódicos especializados em marketing. Autor e coautor de livros como *Marketing – creating value for customers* e *Marketing research – methodological foundations*.

JEAN PAUL PETER

Professor de marketing na Universidade de Wisconsin-Madison desde 1981. Recebeu inúmeros prêmios por sua excelência no ensino.
Autor de artigos premiados, publicados nos mais importantes periódicos especializados em marketing. É também autor de mais de 30 livros, entre os quais *A preface to marketing management* e *Marketing management: knowledge and skills*.
Membro do conselho revisor de vários periódicos – *Journal of Marketing* e *Journal of Marketing Research*, entre outros –, além de ser editor de publicações da Associação Americana de Marketing.

A partir desse conceito, é possível deduzir a fórmula que determina o valor:

Valor = benefícios ÷ custos

> **COMENTÁRIO**
>
> O desafio das equipes de marketing e vendas passa a ser descobrir quais benefícios o cliente deseja e quanto está disposto a pagar por eles. A partir dessa avaliação, todo o processo de desenvolvimento de produtos e precificação será orientado pelo valor.

Para facilitar o processo de análise do valor de um produto, conforme percebido pelo cliente, utiliza-se a *matriz de avaliação de valor*, desenvolvida por Kim e Mauborgne (2005),[3] que está representada na figura 3.

FIGURA 3: MATRIZ DE AVALIAÇÃO DE VALOR

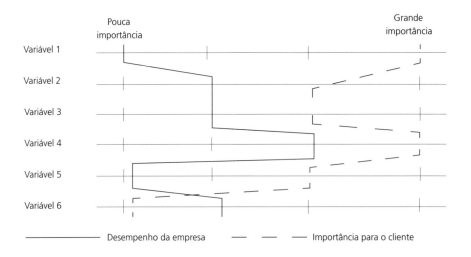

W. CHAN KIM

Professor de estratégia e international management no Insead, França. Foi professor da University of Michigan Business School.
Coautor do *Blue ocean strategy* – best-seller. Cofundador e codiretor do INSEAD Blue Ocean Strategy Institute.

---

[3] Modelo baseado em Kim e Mauborgne (2005).

> **RENÉE MAUBORGNE**
>
> Professora de estratégia e gestão no Insead, França. Cofundadora e codiretora do Insead Blue Ocean Strategy Institute. PhD. em management pela University of Michigan. Ganhadora do Eldridge Haynes Prize. Em 2009, foi a quinta melhor colocada no Thinkers 50, o ranking mundial de especialistas em management.

Nela estão representados todos os atributos identificados para o tipo de produto considerado, para avaliar a importância dada pelo cliente e o desempenho de alguns competidores. A partir da análise da matriz de avaliação de valor, é possível identificar três tipos de atributo:

Atributo	Importância dada pelo cliente	Desempenho da empresa em avaliação perante a concorrência	A empresa precisa de ajustes?	Quais?
Tipo 1	Pouca	Excelente	Sim	Reduzir o excesso por produto
Tipo 2	Muita	Abaixo do mercado	Sim	Elevar o desempenho com urgência
Tipo 3	Alinhados		Não	x

Para consolidar essas diferentes análises de valor do portfólio, utiliza-se a *matriz importância x desempenho*, adaptada de Slack, Chambers e Johnston (2002), ilustrada na figura 4.

FIGURA 4: MATRIZ IMPORTÂNCIA x DESEMPENHO

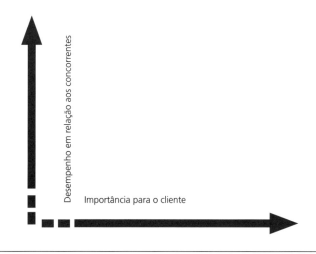

NIGEL SLACK

Doutor em administração. Atua como professor nas áreas de estratégia e produção nas universidades Warwick University, Brunel University, Oxford University e Templeton College.

ROBERT JOHNSTON

Pioneiro na inovação estratégica, metodologia de planejamento de negócios que permite a uma empresa atingir novas oportunidades de crescimento através da definição e exploração de um futuro moderno.
Um dos fundadores do grupo Visterra, com sede em Boston, cujo papel é dedicar-se à promoção da prática da estratégia de inovação nas empresas.
Trabalhou em grandes corporações como IBM, Procter & Gamble, 3M, BMW, entre outras, ajudando-as a identificar e alcançar sua prática de inovação. Ele foi citado por seu trabalho nas revistas *Fortune*, *INC*, *Journal of Creative Behavior* e outros.
Além de ser um coautor de The Power of Strategy Innovation, tem escrito e publicado artigos sobre o de inovação no desenvolvimento de uma nova estratégia. Seu livro mais conhecido é *Strategic frontiers: the starting point for innovative growth*.
Atualmente, trabalha como secretário-tesoureiro do Conselho de Administração da Associação de Desenvolvimento de Produto e Gestão (PDMA.org).

Os produtos que estiverem classificados dentro dos quadrantes (1. Excesso) ou (3. Urgência) precisam de ações que podem ser pensadas a partir da matriz *eliminar-reduzir-elevar-criar*, ilustrada na figura 5.

FIGURA 5: MATRIZ ELIMINAR-REDUZIR-ELEVAR-CRIAR

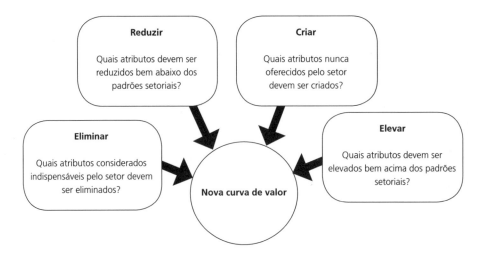

A partir da análise dos atributos de valor e da identificação dos custos em que a empresa incorre para ofertar esses atributos, será possível implementar uma engenharia de valor e, consequentemente, melhorar a competitividade da oferta.

> **ENGENHARIA DE VALOR**
>
> Processo de análise dos atributos ou funções necessárias de um produto ou serviço, o estabelecimento do custo associado à sua produção e do valor percebido pelo cliente. É uma técnica que permite ao mesmo tempo reduzir custos e aumentar o valor percebido

Conhecendo os custos para precificar

O elemento custo dentro do processo de precificação é um dos fatores mais importantes para a escolha da estratégia mais acertada. Conhecer como os custos se comportam e quais recursos são consumidos na produção de um serviço ou produto é fundamental para a adoção de algumas estratégias de preço.

Para isso, é preciso trabalhar as diferentes classificações de gasto e os principais métodos de custeio existentes para desenvolver a capacidade de análise e facilitar a tomada de decisão sobre preços a partir de informações sobre custos.

O mercado, de forma geral, costuma classificar todo e qualquer tipo de gasto como custo. É bastante comum encontrar, inclusive em revistas especializadas em negócios, reportagens que comentam ações de redução de custos administrativos de forma inadequada.

Contudo, um custo é um tipo específico de gasto e, por isso, é importante saber quando utilizá-lo adequadamente.

Assim, os desembolsos de uma empresa podem ser classificados de acordo com a figura 6.

FIGURA 6: CLASSIFICAÇÃO DOS GASTOS SEGUNDO BRUNI E FAMÁ (2004)

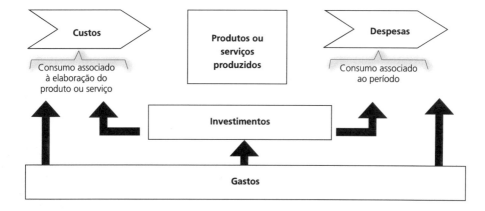

ADRIANO LEAL BRUNI

Doutor e mestre em administração pela Universidade de São Paulo – USP.
Atualmente é professor titular da Faculdade de Ciências Contábeis da Universidade Federal da Bahia e autor de livros técnicos de finanças e métodos quantitativos.

RUBENS FAMÁ

Administrador brasileiro. Doutor em administração de empresas pela Universidade de São Paulo.
Professor de administração na Universidade de São Paulo e na Pontifícia Universidade Católica de São Paulo. Membro do corpo editorial da *Revista Eletrônica de Administração*.
Tem experiência na área de administração, com ênfase em administração de empresas.
Publicou, entre outros artigos: A evolução da função financeira; Aplicação de índices financeiros na avaliação de unidades estratégicas de negócio; e A decisão de investimento baseada no risco de cada unidade: um estudo exploratório e o acompanhamento gerencial do processo de planejamento em centros de pesquisas.

CONCEITO-CHAVE

Gasto é um termo genérico que designa todos os desembolsos ou sacrifícios financeiros realizados pela empresa.
Custo é um tipo de gasto relacionado à produção de serviços ou produtos. Os exemplos mais comuns são mão de obra e materiais de produção.
Despesa é um tipo de gasto relacionado à obtenção de receitas, mas não à produção de serviços ou produtos. São exemplos as despesas com funcionários administrativos.
Investimento é um gasto que, em geral, representa a compra de ativos que serão utilizados ao longo da sua vida útil. Alguns exemplos são a compra de computadores, televisão, mesas e a reforma de uma sala.

Essa classificação gerencial tem como objetivo facilitar o processo de determinação do custo de um produto a partir do método de custeio escolhido.

Uma classificação inadequada pode levar a um erro no cálculo do custo de um produto, o que implicará problemas na definição do seu preço final.

EXEMPLO

Um hospital apresentou os seguintes gastos no mês de janeiro de 2010:
    a) pagamento dos salários dos profissionais de saúde;
    b) pagamento dos salários da equipe administrativa;
    c) compra de um novo equipamento de raio X;
    d) pagamento dos materiais utilizados nas cirurgias.

A classificação adequada dos gastos dessa empresa seria: custo – itens a e d; despesa – item b; investimento – item c.

O comportamento de compra dos clientes

Características da demanda e sensibilidade ao preço

A demanda do mercado por determinado produto ou serviço apresenta padrões que dependem do preço adotado e de características sazonais, como mês, semana ou, até mesmo, horário.

Conhecer esse comportamento da demanda é uma informação importante para escolher a melhor estratégia de preço e determinar um preço que maximize a lucratividade da empresa.

A construção da curva de demanda ajudará o gestor a estimar a sensibilidade do comprador devido às variações na quantidade comprada quando existem mudanças nos preços praticados. Essa análise da sensibilidade pode ser visualizada no gráfico a seguir:

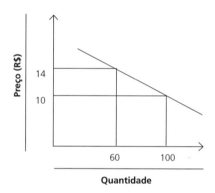

CONCEITO-CHAVE

A partir da análise do comportamento dos produtos, conclui-se que pode haver dois tipos de sensibilidade:

Produtos elásticos são produtos muito sensíveis às mudanças de preço, uma vez que estas interferem diretamente nas quantidades vendidas ao consumidor. As vendas de carros novos, por exemplo, aumentaram muito desde que o governo reduziu o IPI, pois, com isso, as concessionárias reduziram, proporcionalmente, o preço desse produto.

Produtos inelásticos são produtos cujo volume de vendas não é alterado de forma significativa caso haja mudanças de preço. Ou seja: são menos sensíveis aos preços praticados no mercado. Assim, se o preço da insulina aumentar, por exemplo, muito provavelmente o volume vendido não será impactado de forma significativa porque esse medicamento é essencial à sobrevivência dos diabéticos insulinodependentes.

Diferentes métodos podem ser usados para determinar a elasticidade; entre eles, são exemplos: a série histórica dos preços praticados no mercado e a pesquisa com clientes potenciais.

Determinação da elasticidade-preço da demanda

A elasticidade-preço da demanda é uma importante ferramenta para apoiar a definição do preço de venda. Cabe salientar que, a partir da análise da elasticidade, é possível estimar qual será a reação do público a variações de preço.

Segue a equação que determina a elasticidade:

$$\text{Elasticidade} = \frac{\text{Variação na quantidade}}{\text{Variação no preço}} = \frac{\frac{Q2-Q1}{Q1}}{\frac{P2-P1}{P1}}$$

Seguem as definições de cada variável:

Q2 = quantidade de produtos vendidos no segundo período;
Q1 = quantidade de produtos vendidos no período anterior;
P2 = preço do produto no segundo período;
P1 = preço do produto no período anterior.

EXEMPLO

Uma lanchonete vendeu 80 sanduíches em janeiro ao preço de R$ 9 cada; em fevereiro, o comerciante decidiu aumentar o preço para R$ 10 e vendeu 60 unidades. Determine a elasticidade-preço da demanda desse produto.
Solução:
E (elasticidade) = (a) variação na quantidade ÷ (b) variação no preço;
(a) variação na quantidade = (60 − 80) ÷ 80 = **0,25**;
(b) variação no preço = (R$ 10 − R$ 9) ÷ R$ 9 = **0,11**;

E = 0,25:0,11 = 2,27
Ou seja, uma redução de 1% no preço de venda gerou um impacto negativo de 2,27% na quantidade vendida. Assim, o aumento em torno de 11% no preço reduziu o volume de vendas em aproximadamente 22,7%.

Para Kotler (2000),[4] os consumidores são menos sensíveis a preço quando: o produto é exclusivo; não conhecem produtos substitutos; não podem comparar facilmente os produtos; o produto só pode ser utilizado com bens comprados anteriormente; o produto tem marca ou qualidade superior; finalmente, ainda segundo o mesmo autor, quanto menor o dispêndio total em relação à renda do cliente, menor sua sensibilidade ao preço.

A construção da curva elasticidade-preço da demanda pode ter sua eficácia reduzida devido à alteração dos preços praticados pelos concorrentes e ao lançamento de novos produtos.

> **EXEMPLO**
>
> Dados:
> (a) junho de 2012 – a loja X vendeu 100 unidades de um determinado modelo de celular por R$ 100 (a loja Y, principal concorrente, vendia o mesmo modelo por R$ 110);
> (b) julho de 2012 – a loja X reduziu o preço do celular para R$ 90 (a loja X esperava que, devido ao histórico de vendas, o novo preço atraísse mais clientes e as vendas aumentassem);
> (c) julho de 2012 – a loja Y reduziu seu preço para R$ 85;
> (d) julho de 2012 – a loja X vendeu 90 unidades.
> Ou seja: sempre que os concorrentes alteram sua política de preços, a série histórica de preço x demanda perde sua validade porque o volume de vendas para cada faixa de preço é resultado também dos preços praticados pela concorrência. Assim, caso esses preços sejam alterados, a possibilidade de a empresa se basear em um comportamento passado para elaborar uma projeção futura se torna inviável.

Outro fator que limita a capacidade de utilizar a elasticidade-preço da demanda é o lançamento de novos produtos. Ao ampliar seu portfólio, a empresa pode vivenciar a *canibalização de produtos*, situação em que um produto passa a reduzir a demanda por outros.

> **EXEMPLO**
>
> Dados:
> (a) junho de 2012 – a loja K, após analisar seu histórico de vendas, percebeu que poderia vender 100 unidades de um determinado tipo de iogurte por R$ 1;
> (b) julho de 2012 – a quantidade vendida pela loja K, ao mesmo preço do mês anterior, foi reduzida para 80 unidades;
> (c) julho de 2012 – a loja W lançou um novo sabor do mesmo iogurte, o que mudou o comportamento de compra de 20 clientes.

---

[4] Para saber mais sobre elasticidade-preço da demanda, consultar Kotler (2000).

Devido às limitações descritas, a elasticidade-preço da demanda deve ser utilizada, preferencialmente, em mercados mais estáveis, já que os mais competitivos alteram seus preços constantemente e estão sempre lançando novos produtos.

Capítulo 2

Decisões de custo, volume e lucro

A análise da margem de contribuição e as relações entre decisões de preço e seu impacto na lucratividade da organização serão apresentadas neste capítulo.

O conceito de ponto de equilíbrio e suas diferentes aplicações em decisões de custo, volume e lucro serão também discutidos aqui.

Conceitos básicos

A análise da relação entre custo, volume e lucro (CVL) pode responder a diversas questões estratégicas:

- *Como as receitas e os gastos totais serão afetados se o volume de vendas for aumentado em 1.000 unidades?*
- *Qual será o impacto sobre o resultado se o preço for reduzido em 10%?*
- *Se a empresa se mudar para um ponto de venda maior e mais movimentado, mesmo com um aluguel 15% mais caro, o resultado será influenciado? Como?*

Para responder a essas perguntas, é preciso, primeiro, entender como os gastos de uma empresa variam em relação ao volume produzido ou à quantidade vendida e, ainda, qual o ponto de equilíbrio dessa empresa.

Para analisar os gastos de uma empresa, é possível classificá-los de diversas formas. Uma das mais importantes para decisões de preço é a análise do comportamento desses gastos, ou seja, como variam, ao longo do tempo, cada vez que há alterações no volume de produção ou de vendas.

A partir dessa análise, é possível simular variações de preço, volume e gastos, em diferentes situações, assim como o impacto daquelas sobre o resultado da empresa.

Os gastos podem ser classificados em *variáveis* e *fixos*.

> **CONCEITO-CHAVE**
>
> Para uma empresa industrial ou de serviços, os primeiros variam proporcionalmente ao volume produzido; já para uma varejista, a variação é proporcional ao volume vendido.
> Os gastos fixos não variam proporcionalmente ao volume produzido ou vendido.

Assim, ao projetar uma variação no volume de vendas, é possível (e desejável) inferir de que modo ela impactará, sobretudo, os gastos variáveis, pois essa informação poderá apoiar uma tomada de decisão.

> **COMENTÁRIO**
>
> Sabe-se que os gastos fixos não variam proporcionalmente ao volume produzido; no entanto, esse tipo de gasto pode variar em determinado mês – quando comparado aos dos demais meses.
> Assim, gastos com telefone em um escritório de advocacia, por exemplo, podem variar de um mês para outro de acordo com a quantidade de ligações, mas não com o número de clientes desse escritório, fato que os tornaria variáveis se tal houvesse.

Cabe observar, ainda, que o mesmo gasto pode ser variável em uma empresa, mas fixo em outro segmento de mercado.

Assim, o gasto de água pode ser variável para uma indústria de cerveja, já que a variação, devido ao tipo de produto, terá de ser proporcional ao número de garrafas produzidas. Por exemplo, quando analisamos o gasto de energia ela pode ser variável para uma indústria de cerveja, pois irá variar proporcionalmente em função do volume de produtos produzidos. Já para uma escola de idiomas esse mesmo gasto de energia poderá ser fixo, pois provavelmente não variará proporcionalmente de acordo com o número de alunos.

EXEMPLO

A Escola de Idiomas Antígona oferece apenas um curso de inglês para executivos. Durante o mês de janeiro, a escola tinha 50 alunos matriculados em uma turma com 10 horas-aula/mês; seus gastos totais foram de R$ 4.500.

No mês de fevereiro, a escola abriu uma nova turma de 50 alunos com 10 horas-aula/mês; seus gastos aumentaram de acordo com a tabela a seguir:

Gastos	Janeiro	Fevereiro
Aluguel	R$ 1.000	R$ 1.000
Professores	R$ 500	R$ 1.000
Material didático	R$ 1.000	R$ 2.000
Equipe da secretaria	R$ 1.000	R$ 1.000
Telefone	R$ 500	R$ 550
Total	R$ 4.500	R$ 5.500

Os resultados mostram que: (1) o número de alunos, que passou de 50 para 100, aumentou em 100%; (2) os gastos referentes aos salários dos professores e ao material didático tiveram um aumento proporcional ao número de alunos e, por isso, podem ser classificados como *gastos variáveis*; (3) já os referentes ao aluguel e aos salários dos funcionários da secretaria permaneceram os mesmos e, por isso, podem ser classificados como *gastos fixos*.

Cabe salientar que o gasto com telefone, apesar de ter passado de R$ 500 para R$ 550, o que representa um aumento de 10%, não foi proporcional ao aumento do número de alunos, que foi de 100%; portanto, mesmo com a variação descrita, esse gasto deverá ser classificado como *gasto fixo*.

Margem de contribuição

Margem de contribuição é o valor que sobra da venda de cada produto. Esse valor vai contribuir para pagar os gastos fixos da empresa.

Para determinar a margem de contribuição de um produto, deve ser utilizada a fórmula a seguir:

> **Margem de contribuição unitária = preço de venda – gastos variáveis unitários**

Para determinar a margem de contribuição total de uma empresa, deve ser utilizada a fórmula a seguir:

> **Margem de contribuição total = margem de contribuição unitária × número de unidades vendidas**

Cabe destacar que a margem de contribuição total ainda não é o lucro da empresa, pois não foram descontados os gastos fixos.

EXEMPLO

O Centro de Idiomas tem uma mensalidade no valor de R$ 200 por aluno; para cada aluno matriculado em seus cursos, incluem-se na categoria gastos variáveis o professor, que ganha R$ 10 por aluno, por mês, e o material didático, que custa R$ 20.

A margem de contribuição unitária é calculada a seguir:

margem de contribuição = R$ 200 – (R$ 10 + R$ 20) = R$ 200 – 30 = R$ 170.

Esse resultado indica que cada aluno matriculado gera uma margem de contribuição de R$ 170, o que ajudará a pagar os gastos fixos da escola.

A margem de contribuição também pode ser representada por um percentual sobre o preço de venda; trata-se do índice da margem de contribuição, cuja fórmula é:

> **Índice da margem de contribuição = margem de contribuição ÷ preço de venda × 100**

Esse índice permite o cálculo da margem de contribuição para qualquer valor de venda.

EXEMPLO

O índice da margem de contribuição da Antígona será:

a) margem de contribuição unitária = R$ 170;

b) preço de venda = R$ 200;

c) índice da margem de contribuição = R$ 170 ÷ 200 = 85%.

Assim, caso a empresa tenha uma receita de R$ 1.000, sua margem de contribuição será de R$ 1.000 × 85% = R$ 850.

O uso da margem de contribuição pressupõe o conhecimento de algumas premissas associadas ao comportamento dos gastos: (1) em alguns casos, pode ser difícil classificar os gastos de uma empresa em fixos ou variáveis porque seu comportamento pode não seguir um padrão em relação ao volume produzido ou vendido, o que exigirá métodos estatísticos mais avançados; (2) quando há grandes mudanças de preço ao longo de um período como resultado, por exemplo, de descontos ou promoções, é preciso trabalhar com preço médio ou ponderado para calcular as relações entre custo, volume e lucro.

Ponto de equilíbrio contábil

Conceito de ponto de equilíbrio

Quanto uma empresa precisa vender, no mínimo, para conseguir pagar seus gastos?

A resposta a essa dúvida, frequente entre executivos, começa no *ponto de equilíbrio contábil* (PEC).

Por meio do PEC, é possível determinar a quantidade mínima de produtos vendidos ou o valor mínimo de faturamento que uma empresa deve atingir para que consiga arcar, ao menos, com os gastos fixos e variáveis.

É importante observar que, no PEC, não há lucro ainda; somente a partir da venda seguinte, depois de atingido o PEC é que a empresa começará a ter lucro.

> **PREÇO MÉDIO OU PONDERADO**
>
> Apurado após cada registro de entrada na ficha de movimento de material, mediante a utilização da fórmula...
> PM = (V1+V2)/(Q1+Q2), onde...
> **PM** = preço médio ponderado;
> **V1** = valor monetário do existente pré-lançamento;
> **V2** = valor monetário do adquirido ou entrada ocorrida;
> **Q1** = quantidade física existente pré-lançamento da entrada;
> **Q2** = quantidade física adquirida ou incorporada.
>
> Deve ser aplicado tanto no momento das entradas e saídas verificadas quanto na elaboração do inventário de encerramento do exercício. É modificado com a aquisição de novas unidades com preços unitários diferentes das unidades disponíveis.

Assim, o PEC é uma informação útil, uma vez que é um indicador de alerta para a direção da empresa sobre o que pode acontecer caso as vendas não alcancem os resultados esperados.

EXEMPLO

Considere a representação gráfica do PEC, a seguir:

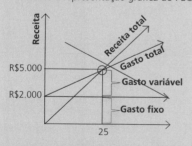

No gráfico, é possível identificar claramente que: (1) para atingir o PEC, a empresa avaliada necessitará de uma receita total de R$ 5.000, o que equivale à venda de 25 unidades do seu produto; (2) ao atingir o PEC, a empresa terá um gasto total de R$ 5.000; desse valor, R$ 2.000 são gastos fixos e R$ 3.000, gastos variáveis decorrentes da venda dos 25 produtos; (3) alcançado o PEC, as próximas vendas responderão pelos lucros iniciais da empresa; no entanto, se esta não conseguir vender as 25 primeiras unidades, haverá prejuízo, uma vez que o PEC não terá sido atingido.

A representação gráfica é, didaticamente, bastante interessante; no entanto, costuma-se calcular o PEC por meio de uma equação, já que o resultado é mais facilmente obtido.

Para calcular o PEC como a quantidade mínima de produtos que devem ser vendidos para que a empresa consiga pagar seus gastos fixos e variáveis, deve-se utilizar a fórmula:

> **PEC = gastos fixos totais ÷ margem de contribuição unitária**

O resultado do PEC pode ser um número que exija um grande esforço de vendas, situação que representa um risco grande para a empresa.

Veja-se o cálculo do PEC, a seguir.

EXEMPLO

A Escola de Idiomas Antígona registrou como *gastos fixos* para o mês de fevereiro o aluguel (R$ 1.000), a equipe da secretaria (R$ 1.000) e os gastos com telefone (R$ 550). Assim, seus gastos fixos totais foram de R$ 2.550. Sua *margem de contribuição unitária*, já calculada nos exemplos anteriores, foi de R$ 170.

Para calcular o PEC, basta usar a fórmula: PEC = R$ 2.550 ÷ R$ 170 = 15.

Portanto, se a escola atingir o número de 15 alunos matriculados, conseguirá pagar todos os seus gastos (fixos + variáveis), pois terá atingido seu *ponto de equilíbrio contábil*.

O cálculo do PEC com base na quantidade de produtos pode não ser sempre a melhor forma de trabalho. Em situações como essa, é necessário o cálculo com base na receita total mínima que a empresa deve gerar para conseguir pagar seus gastos fixos e variáveis.

Naturalmente, a fórmula para determinação do PEC também muda:

> **PEC = gastos fixos totais ÷ índice da margem de contribuição**

EXEMPLO

A Escola de Idiomas Antígona, para o mês de fevereiro, apresenta os seguintes valores: gastos fixos totais = R$ 2.550; índice da margem de contribuição = 85%. Para calcular o PEC, basta aplicar a fórmula:

$$PEC = 2.550 \div 0,85 = R\$ \ 3.000.$$

Variações de preço, gastos fixos e variáveis

A partir do cálculo do PEC, é possível analisar e simular diferentes situações para avaliar possíveis estratégias e resultados.

A possibilidade de realizar projeções é uma das principais vantagens da simulação custo, volume e lucro. Para isso, o PEC será utilizado como fórmula básica em diversas situações diferentes:

Situação 1 – mudança no preço

Mudanças no preço influenciam os resultados da empresa, é fato, mas como? Como uma redução no preço de um produto ou serviço, dentro de uma ação promocional, por exemplo, pode impactar o PEC?

Veja-se o exemplo a seguir.

EXEMPLO

Durante o mês de fevereiro, na Antígona, os alunos aproveitaram a promoção: teriam um desconto de 10% e pagariam uma mensalidade de R$ 180. Para calcular o novo PEC:

- gastos fixos totais = R$ 2.550;
- margem de contribuição unitária = R$ 180 – (R$ 10 + R$ 20) = R$ 150;
- PEC = R$ 2.550 ÷ R$ 150 = 17.

Assim, a escola necessitará de, pelo menos, 17 alunos para atingir o PEC e não ficar no vermelho.

Para avaliar se esse desconto de R$ 20 compensa o risco de aumentar o ponto de equilíbrio em dois alunos, será preciso monitorar a resposta do mercado a esse preço promocional de R$ 180 e comparar os resultados àqueles obtidos ao preço de R$ 200.

Situação 2 – mudança nos gastos variáveis

Características de produtos podem mudar e, a depender da estratégia de mercado adotada pela empresa, manter uma imagem de alta qualidade pode implicar a substituição de alguns itens do produto comercializado por outros.

EXEMPLO

Preocupada com as reclamações dos alunos sobre a qualidade do material didático, a Escola de Idiomas Antígona decidiu trocar seu fornecedor de material. Com isso, o gasto variável unitário com material didático, que era de R$ 20 por aluno, passa a R$ 30 por aluno. O novo PEC será calculado assim:

- gastos fixos totais = R$ 2.550;
- margem de contribuição = R$ 200 – (R$ 10 + R$ 30) = R$ 160;
- PEC = R$ 2.550 ÷ R$ 160 = 16.

Como resultado dessa decisão de melhorar a qualidade do material didático, a escola terá de conseguir, pelo menos, 16 alunos para atingir o PEC.

Caso a direção da escola avalie que essa melhoria da qualidade do material didático aumentará a satisfação dos alunos e, consequentemente, o número de alunos por turma, essa decisão pode ser adequada.

Situação 3 – mudança nos gastos fixos

Outra situação que acontece com bastante frequencia envolve a mudança nos gastos fixos de uma empresa. Uma simulação do impacto dessa mudança no ponto de equilíbrio pode ajudar o gestor a avaliar a necessidade de ajustes no preço ou na estimativa de vendas necessárias para que a empresa permaneça dentro da sua meta de lucratividade. Avalie esse novo exemplo.

EXEMPLO

A Antígona avalia a possibilidade de mudar seu local de funcionamento para um ponto comercial próximo a uma escola, pois, com isso, espera conseguir mais alunos. Hoje, ela tem um gasto fixo de R$ 1.000 com aluguel; com a mudança, o aluguel passará para R$ 1.500. Além desse gasto, existem ainda os gastos fixos com o pessoal da secretaria (R$ 1.000) e o telefone (R$ 550). Como resultado dessa decisão, o novo PEC será:

- gastos fixos = R$ 3.050;
- margem de contribuição unitária = R$ 170;
- PEC = 18 alunos.

A comparação entre essa decisão de mudança de local e a situação atual, em que não há gasto adicional de aluguel, mostra que o número mínimo de alunos para atingir o PEC aumentou de 15 para 18.

Caso a direção avalie que essa mudança não trará o resultado desejado, isto é, não aumentará para 18 o número de matrículas, a decisão pode não ser adequada, já que será bastante arriscada para a escola.

Impacto das mudanças (preço e gastos) no PEC

O quadro a seguir mostra, de modo resumido, como as mudanças no preço e nos gastos (variáveis e fixos) podem impactar o PEC.

Exemplo de mudança	Resultado
Aumento no preço resultante de uma marca diferenciada no mercado	Redução do PEC
Redução no preço devido a uma ação promocional	Aumento do PEC
Aumento dos gastos variáveis com a inclusão do serviço de entrega grátis	Aumento do PEC
Redução dos gastos variáveis com a substituição dos materiais utilizados nos produtos	Redução do PEC
Aumento dos gastos fixos com a mudança do local do escritório para uma área mais nobre	Aumento do PEC
Redução dos gastos fixos com a redução do quadro de pessoal	Redução do PEC

Ponto de equilíbrio econômico

Uma nova visão sobre o ponto de equilíbrio

O ponto de equilíbrio contábil (PEC) é uma medida-limite dentro de uma visão gerencial, pois representa o mínimo para que a empresa não tenha prejuízo. Assim, mesmo atingindo o PEC, a empresa ainda não tem lucro e, portanto, não é o objetivo de nenhum empresário.

A partir desse entendimento, surge o conceito de *ponto de equilíbrio econômico* (PEE):

> É o ponto que determina a quantidade mínima de vendas necessária para que a empresa não apenas pague todos os seus gastos, como também gere o lucro desejado pelos sócios.

Assim, o PEE deve ser mais utilizado para decisões gerenciais relacionadas a marketing e vendas. As principais vantagens desse método são:

- permite estabelecer metas de venda para que a empresa dê o retorno desejado aos sócios;

- permite avaliar situações de risco (a *sazonalidade* e a *falha na previsão de vendas* podem exemplificar tais situações) para a empresa, pois há conjunturas em que uma pequena variação no volume de vendas influencia de forma significativa o resultado final;
- pode ser utilizado como margem de segurança.

A representação gráfica do ponto de equilíbrio econômico (PEE) permite diferenciar do ponto de equilíbrio contábil (PEC) o volume adicional que a empresa precisa vender para obter o lucro desejado pelos sócios.

Segue o gráfico para análise:

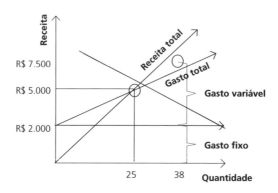

O ponto azul mostra que o PEE dessa empresa é de 38 unidades vendidas, o que equivale a uma receita total de R$ 7.500.

A área azul, compreendida entre o volume de vendas de 25 e o de 38 unidades, representa a região em que a empresa já está gerando lucro; cabe salientar que o PEE só é atingido quando chega a 38 unidades.

O ponto vermelho, que representa o PEC, como se pode notar, está distanciado do PEE o equivalente à área azul.

O cálculo do ponto de equilíbrio econômico é bastante similar ao do ponto de equilíbrio contábil. A diferença está na soma do lucro desejado, como se pode visualizar na fórmula a seguir:

> **PEE = gastos fixos totais + lucro desejado ÷ margem de contribuição unitária**

Assim, a partir da determinação do valor que a empresa deve gerar de lucro, é possível estimar quantos produtos tem de vender para que esse resultado seja atingido.

EXEMPLO

As sócias da Escola de Idiomas Antígona terminaram seu planejamento e determinaram que R$ 10.000 por mês de lucro é o valor que deve ser alcançado. Para isso, o ponto de equilíbrio econômico deverá ser de 74 alunos matriculados. Seguem os cálculos:

- gastos fixos totais = R$ 2.550;
- margem de contribuição unitária = R$ 170;
- PEE = R$ 2.550 + R$ 10.000 ÷ R$ 170 = 74 alunos.

Enquanto o PEC determina que a escola tenha, no mínimo, 15 alunos para que consiga pagar gastos fixos e variáveis, o PEE determina que a escola precisa de, pelo menos, 74 alunos matriculados para que consiga gerar o lucro desejado pelas sócias.

Modelos de determinação do lucro desejado

Diversas formas podem ser utilizadas para determinação do lucro desejado pelos sócios. Uma das mais comuns é o estabelecimento de metas de lucratividade e rentabilidade.

A lucratividade é o lucro gerado pela empresa sobre a receita total. A fórmula a seguir mostra como calcular a lucratividade:

Lucratividade = lucro ÷ receita total

É importante destacar a diferença entre a margem de contribuição e a lucratividade: enquanto a primeira representa o resultado sem incluir os custos fixos, a segunda já contempla o resultado final com todos os gastos da empresa incluídos.

Já a rentabilidade é o retorno sobre o capital investido. Os sócios da empresa tiveram de investir recursos para constituí-la; natural, pois, que desejem obter um retorno sobre esse capital.

Segue a fórmula que permite calcular a rentabilidade gerada pela empresa:

Rentabilidade = lucro ÷ capital investido

Esses indicadores auxiliam a direção a determinar o preço de venda dos produtos ou serviços. Por isso, tanto a lucratividade quanto a rentabilidade da empresa devem ser acompanhadas para que seja possível avaliar se a política de preços e o volume de vendas estão adequados e se estão gerando o resultado desejado pelos sócios.

> **EXEMPLO**
>
> Para constituir a Escola de Idiomas Antígona, as sócias tiveram de investir, aproximadamente, R$ 100 mil em reforma de salas, compra de equipamentos e outros gastos necessários. Sua receita total estimada para o mês de março é de R$ 35 mil e o lucro projetado é de R$ 10 mil. Agora, basta aplicar as fórmulas:
> a) lucratividade = R$ 10.000 ÷ R$ 35.000 = 28,5%.
> b) rentabilidade = R$ 10.000 ÷100.000 = 10% a.m.

Ponto de equilíbrio para vários produtos

O mix de vendas e o de produtos

Até o momento, foram calculados os pontos de equilíbrio contábil e econômico com base na premissa de que as empresas vendem apenas um produto. Contudo, essa premissa não é válida na maioria dos casos, uma vez que, em geral, as empresas vendem uma grande variedade de produtos e serviços.

Nesses casos, para simular as variações de preço e os diferentes gastos, é preciso trabalhar com o *ponto de equilíbrio para múltiplos produtos* (PEMP). Esse novo modelo utilizará um mix de produtos da empresa, e não somente um único produto.

As principais vantagens desse modelo são:

- possibilita simular o mix de produtos que maximiza a lucratividade da empresa;
- permite avaliar como o incentivo à venda de um produto influencia os resultados do mix de produtos e, consequentemente, os da empresa;
- apoia as decisões de precificação de toda a linha de produtos vendida pela empresa.

Toda empresa procura oferecer uma variedade de produtos e serviços a seus clientes como forma de atender a diferentes necessidades.

Diferentemente da situação em que a empresa trabalha com um único produto ou serviço, não há um número único do total de unidades que precisam ser vendidas para atingir o ponto de equilíbrio. Esse número dependerá do mix de produtos que a empresa comercializa.

Desse modo, diversas combinações são possíveis. Por exemplo, se a empresa vende dois tipos de produto, a divisão pode obedecer aos seguintes

percentuais, entre outros: 50% para cada produto ou 90% para um e 10% para outro.

Para resolver esse problema de múltiplas combinações possíveis de vendas, serão usadas a média ponderada da margem de contribuição unitária e a média ponderada do índice da margem de contribuição.

Para o cálculo do ponto de equilíbrio para múltiplos produtos, será preciso determinar, em vez da margem de contribuição unitária (que era utilizada para um único produto), a margem ponderada da margem de contribuição unitária.

Essa ponderação é necessária justamente por causa das vendas de diversos produtos em diferentes quantidades. Sua fórmula de cálculo é:

Média ponderada da margem de contribuição unitária =	Produto A Produto B
	(MCU × quantidade vendida) × (MCU × quantidade vendida)
	Número total de unidades vendidas
	Veja-se que MCU = margem de contribuição unitária.

O resultado desse cálculo será o *valor médio de margem de contribuição* gerado para cada unidade vendida, dado o mix das quantidades vendidas por produto.

Outra forma de obter a margem de contribuição do portfólio da empresa é calcular o índice da margem de contribuição para obter o faturamento necessário (do mix de vendas) ao alcance do ponto de equilíbrio. Segue a fórmula:

Média ponderada da margem de contribuição do portfólio =	Margem de contribuição total ÷ receita total (× 100)
Margem de contribuição total =	Produto A Produto B
	(MCU × quantidade vendida) + (MCU × quantidade vendida)
Receita total =	Produto A Produto B
	(preço × quantidade vendida) + (preço × quantidade vendida)

O resultado da margem ponderada de contribuição do portfólio é o índice de margem de contribuição que o mix de vendas gera para cada R$ 1 vendido.

Por exemplo, um resultado de 40% indica que, em média, para cada R$ 100 vendidos, a margem de contribuição é R$ 40 devido ao mix de vendas definido. Caso exista qualquer alteração no mix, esse resultado também será alterado.

EXEMPLO

A Antígona lançou um novo curso: Espanhol para executivos. Para esse curso, são dados os seguintes valores: mensalidade = R$ 250; gastos variáveis (material didático) = R$ 30; pagamento do professor por aluno = R$ 20. A expectativa é de 50 alunos para o novo curso em uma única turma. Já existem duas turmas de inglês para executivos em andamento; os valores para cada turma são: mensalidade = R$ 200; gastos variáveis (material didático) = R$ 20; pagamento do professor por aluno = R$ 10. Pede-se:

a) Determinar a média ponderada da contribuição unitária.

Solução:

Para o cálculo da média ponderada da contribuição unitária, é preciso calcular a margem de contribuição unitária e multiplicá-la pelo número de alunos matriculados nos dois cursos para obter a margem de contribuição de cada curso. Com essa informação, basta calcular as margens de contribuição total de cada curso para obter a margem de contribuição total da escola, conforme a tabela a seguir:

Curso	Margem de contribuição unitária	Alunos	Margem de contribuição total
Inglês para executivos	R$ 200 – R$ 30 = R$ 170	100	R$ 170 × 100 = R$ 17.000
Espanhol para executivos	R$ 250 – R$ 50 = R$ 200	50	R$ 200 × 50 = R$ 10.000
Total		150	R$ 27.000

Média ponderada da margem de contribuição = R$ 27.000 ÷ 150 = R$ 180.

A partir desse resultado, verifica-se que:
- dados: mix de vendas para o curso de inglês = 66%; mix de vendas para o curso de espanhol = 33%;
- margem gerada, em média, por um aluno da escola = R$ 180.

b) Determinar a média ponderada do índice da margem de contribuição.

Solução:

A partir das informações obtidas sobre a margem de contribuição total, basta calcular a receita total, que pode ser obtida conforme a tabela a seguir:

Curso	Mensalidade	Alunos	Total
Inglês para executivos	R$ 200	100	R$ 20.000
Espanhol para executivos	R$ 250	50	R$ 12.500
Total		150	R$ 32.500

Assim, a fórmula de cálculo para determinar o índice da margem de contribuição do portfólio será:
- margem de contribuição total ÷ receita total;
- R$ 27.000 ÷ R$ 32.500 = 0,83 × 100 = 83%.

Esse resultado indica que, em média, dado o mix de venda dos cursos, para cada R$ 100 de receita, a escola gera 83% de margem de contribuição, ou seja, R$ 83 de margem média.

Cálculo do ponto de equilíbrio para múltiplos produtos

A diferença entre o cálculo do ponto de equilíbrio para múltiplos produtos e o dos outros pontos de equilíbrio está na *não utilização* da margem de contribuição unitária, substituída pela margem média do portfólio. Segue, portanto, a fórmula para calcular o ponto de equilíbrio para múltiplos produtos contábil:

> Ponto de equilíbrio para múltiplos produtos contábil = gastos fixos totais ÷ média ponderada da margem de contribuição unitária

Para calcular o ponto de equilíbrio para múltiplos produtos econômico, basta alterar a fórmula para:

> Ponto de equilíbrio para múltiplos produtos econômico = gastos fixos totais + lucro desejado ÷ média ponderada da margem de contribuição unitária

---

EXEMPLO

A escola, que está comercializando também o espanhol para executivos, deseja determinar o ponto de equilíbrio contábil necessário para continuar a funcionar, e o ponto de equilíbrio econômico para obter um lucro mensal de R$ 10.000.
A partir do índice da margem de contribuição do portfólio calculado no exemplo anterior:

a) ponto de equilíbrio para múltiplos produtos contábil = gastos fixos totais ÷ média ponderada da margem de contribuição unitária = R$ 2.550 ÷ R$ 180 = 15 alunos;
b) ponto de equilíbrio para múltiplos produtos econômico = gastos fixos totais + lucro desejado ÷ média ponderada da margem de contribuição unitária = R$ 2.550 + R$ 10.000 ÷ R$ 180 = 70 alunos.

Ou seja: enquanto o primeiro determina que, dado o mix dos cursos definido, a escola tenha, no mínimo, 15 alunos para que consiga pagar gastos fixos e variáveis, o segundo determina que, dado o mix dos cursos definido, a escola precisa de, pelo menos, 70 alunos matriculados para que consiga gerar o lucro desejado pelas sócias.
Cabe ressaltar que, entre 15 e 70 alunos, a escola já trabalha com lucro, mas ainda não atingiu o resultado almejado.

Com o objetivo de verificar como certas decisões da empresa alteram sua política de preços e suas ações promocionais, algumas situações serão simuladas aqui.

SITUAÇÃO 1 – ALTERAÇÃO NO PREÇO DE UM PRODUTO

EXEMPLO

A Escola de Idiomas Antígona lançou um novo curso: espanhol para executivos, como já informado. Para esse curso, são dados os seguintes valores: nova mensalidade = R$ 300; gastos variáveis (material didático) = R$ 30; pagamento do professor por aluno = R$ 20. A expectativa é de 50 alunos para o novo curso em uma única turma. Já existem duas turmas em andamento de inglês para executivos; os valores para cada turma são: mensalidade = R$ 200; gastos variáveis (material didático) = R$ 20; pagamento do professor por aluno = R$ 10.
Pede-se:
a) Determinar a média ponderada da contribuição unitária.

Solução:
Para o cálculo da média ponderada da contribuição unitária, é preciso calcular a margem de contribuição unitária e multiplicá-la pelo número de alunos matriculados nos dois cursos para obter a margem de contribuição de cada curso. Com essa informação, basta calcular as margens de contribuição total de cada curso para obter a margem de contribuição total da escola, conforme a tabela a seguir:

Curso	Margem de contribuição unitária	Alunos	Margem de contribuição total
Inglês para executivos	R$ 200 – R$ 30 = R$ 170	100	R$ 170 × 100 = R$ 17.000
Espanhol para executivos	R$ 300 – R$ 50 = R$ 250	50	R$ 250 × 50 = R$ 12.500
Total		150	R$ 29.500

Média ponderada da margem de contribuição = R$ 29.500 ÷ 150 = R$ 197.
A partir desse resultado, verifica-se que:
- dados: mix de vendas para o curso de inglês = 66%; mix de vendas para o curso de espanhol = 33%;
- nova margem gerada, em média, por um aluno da escola = R$ 197.

Como se pode perceber, a situação melhorou, em relação à anterior (antes do aumento: margem = R$ 180), e impactará o PEC da escola.

Continua

b) Determinar o PEC em número de alunos.
- gastos fixos = R$ 2.250;
- média ponderada da margem de contribuição unitária = R$ 197;
- PEC = R$ 2.250 ÷ 197 = 12 alunos.

Como se pode perceber, o número mínimo necessário de alunos, dado o mix de vendas, em relação ao anterior (15 alunos), foi reduzido para 12 como consequência do reajuste no preço do curso de espanhol.

SITUAÇÃO 2 – AÇÃO PROMOCIONAL PARA INCENTIVAR A VENDA DE UM PRODUTO

EXEMPLO

Preocupada em melhorar as vendas do curso de espanhol para executivos, a Escola de Idiomas Antígona iniciou uma grande campanha para divulgá-lo. Como resultado, conseguiu melhorar seu mix de vendas e o curso de espanhol ganhou mais uma turma de 50 alunos. Pede-se:
a) Determinar a média ponderada da contribuição unitária.

Solução:
Para o cálculo da média ponderada da contribuição unitária, é preciso calcular a margem de contribuição unitária e multiplicá-la pelo número de alunos matriculados nos dois cursos, para obter a margem de contribuição de cada curso. Com essa informação, basta calcular as margens de contribuição total de cada curso para obter a margem de contribuição total da escola, conforme a tabela a seguir:

Curso	Margem de contribuição unitária	Alunos	Margem de contribuição total
Inglês para executivos	R$ 200 – R$ 30 = R$ 170	100	R$ 170 × 100 = R$ 17.000
Espanhol para executivos	R$ 250 – R$ 50 = R$ 200	100	R$ 200 × 100 = R$ 20.500
Total		200	R$ 37.000

Média ponderada da margem de contribuição = R$ 37.000 ÷ 200 = R$ 185.
A partir desse resultado, verifica-se que:
- dados: novo mix de vendas para o curso de inglês = 50%; novo mix de vendas para o curso de espanhol = 50%;
- nova margem gerada, em média, por um aluno da escola = R$ 185.

b) Determinar o PEC em número de alunos.
- gastos fixos = R$ 2.250;
- média ponderada da margem de contribuição unitária = R$ 185;
- PEC = R$ 2.250 ÷ R$ 185 = 12.

Conclui-se que a mudança no mix de vendas dos produtos gerou um resultado igual ao do exemplo anterior, em que o preço do curso de espanhol foi reajustado.

Limitações do uso do ponto de equilíbrio para múltiplos produtos

A utilização do ponto de equilíbrio para múltiplos produtos apresenta as seguintes limitações:

a) a diferença entre a projeção do mix de vendas e as vendas em si pode ser grande e, simultaneamente, sofrer alterações em diferentes variáveis (preço e gastos variáveis, por exemplo). Com isso, os cálculos podem necessitar do apoio de uma planilha eletrônica;

b) quando se trabalha com um número muito grande de produtos, como no caso de alguns varejistas, que chegam a ter mais de 5 mil itens em seu portfólio, é preciso categorizá-los em grupos de produtos para facilitar o controle.

Capítulo 3

Custos para decisões de preço

A determinação do custo de um produto ou serviço pode levar a diferentes decisões em função do método de custeio escolhido.

Neste capítulo, serão apresentados os principais métodos de custeio que podem apoiar o processo de precificação.

Principais métodos de custeio

Apuração dos custos

Como já abordado no capítulo anterior, os gastos podem ser classificados, quanto ao comportamento, em fixos ou variáveis. Neste capítulo, será visto que esses gastos também podem ser classificados quanto à *capacidade de apuração*. Nesse caso, serão subdivididos em *custos diretos e indiretos*.

CONCEITO-CHAVE

Os custos diretos são mais fáceis de mensurar, uma vez que podem ser diretamente identificados para cada produto ou serviço. Exemplos comuns são os custos de materiais e mão de obra direta.

Além dos custos diretos, há os indiretos, que estão ligados ao processo produtivo, mas não é possível, ou viável, associá-los a cada produto ou serviço. Custos de aluguel de fábrica e gastos com supervisão são exemplos de custos indiretos.

Devido às diferentes possibilidades de associar os custos indiretos e as despesas aos produtos, o mesmo produto poderá ter custos diferentes de acordo com o método de custeio que for utilizado para calculá-los. Por isso, importa conhecer os principais métodos de custeio e saber, ainda, quando estes devem ser utilizados para evitar decisões erradas.

> **CONCEITO-CHAVE**
>
> Segundo Costa,[5] [...] método de custeio é a forma como as empresas agregam ao preço de venda [de produtos e serviços] seus custos de fabricação. O principal objetivo [do método de custeio] é separar os custos variáveis dos custos fixos e definir o peso de cada um dentro do preço de venda do produto [ou serviço].

A determinação dos custos dos produtos pode ter múltiplos significados, conforme demonstra a figura 7. Quando o objetivo é determinar os custos de produção para fins de precificação, o enfoque vai além desses custos e inclui todos os gastos da cadeia produtiva, desde os gastos com pesquisa e inovação até o atendimento final ao cliente.

FIGURA 7: DETERMINANDO OS CUSTOS DOS PRODUTOS

Gastos com pesquisa e inovação → Custos de produção → Gastos com vendas → Gastos com marketing → Gastos com distribuição → Gastos para atender ao cliente

Como os gastos ocorrem ao longo de toda a cadeia produtiva? Como se associam a cada produto vendido? O controle dos custos tem por objetivo responder a essas perguntas.

Existem diversos métodos de custeio com diferentes objetivos. Este capítulo focará a análise dos que são comumente utilizados para determinar custos e, na sequência, precificar produtos. O quadro a seguir apresenta uma comparação entre os principais métodos.

---

[5] Adaptado de Costa (2010).

Método	Custeio variável	Custeio por absorção	Custeio RKW	Custeio ABC
Características	Considera apenas os gastos variáveis.	Considera os gastos variáveis e os custos indiretos rateados.	Considera os gastos variáveis, bem como os custos indiretos e as despesas rateados.	Considera os gastos variáveis e o consumo de recursos indiretos.
Vantagens	Simplicidade no cálculo do custo do produto.	Considera os custos indiretos na determinação do custo total unitário de um produto.	Considera todos os gastos na determinação do custo total unitário de um produto.	Considera apenas os recursos indiretos consumidos na produção.
Desvantagens	O custo do produto é sempre subestimado.	O critério de rateio arbitrado pode levar a decisões erradas.	O critério de rateio arbitrado pode levar a decisões erradas.	Os investimentos financeiro e de tempo na implementação do método não compensam.

Custo padrão e custo unitário

O custo padrão é utilizado como uma ferramenta para facilitar o planejamento e o controle gerencial.[6] Como a apuração do custo real de cada produto ou serviço demandaria um grande investimento, estimar e utilizar o custo padrão para determinar os custos é o procedimento mais adequado.

Cabe salientar que as *quantidades padronizadas* indicam quanto de insumo deve ser utilizado na fabricação de um produto ou na prestação de um serviço; já os *custos padronizados* indicam o custo do insumo.

O processo de estabelecimento do custo padrão inclui desde a equipe de compras responsável pela negociação dos custos dos insumos até a equipe que trabalha na prestação do serviço ou na produção.

Os registros históricos de preço de compra e uso de recursos podem ser úteis no estabelecimento dos custos padronizados; estes, contudo, devem ser utilizados para estimular operações mais eficientes no futuro, não para repetir operações ineficientes do passado. Além disso, devem ser alcançáveis dentro de condições normais, daí a diferença entre os padrões ideais e os padrões práticos, pois, enquanto os primeiros só podem ser alcançados dentro das melhores circunstâncias, os segundos, embora apertados, são passíveis de alcançar.

O padrão ideal, além de não admitir falhas ou interrupções do trabalho, exige um nível de produtividade que só pode se realizar com os trabalhadores mais qualificados e dedicação máxima o tempo todo; admite, ainda, o tempo de paralisação normal das

---

[6] Para saber como determinar o custo padrão, consulte Garrison e Noreen (2001).

máquinas e os períodos de descanso dos empregados, que devem servir de estímulo para ganhos maiores de produtividade.

Posteriormente, as quantidades produzidas de fato e o consumo real são comparados a esses padrões e, caso haja variações significativas, os gestores devem investigar para encontrar o motivo de tais variações.

Caso o motivo da variação seja um evento ocasional que gerou um aumento nos custos, deve-se agir para evitar que ocorra novamente; já nos casos em que os custos reais superam, com frequência, os custos padrões, é preciso revisá-los (os custos reais) e, detectadas as causas, providenciar para que se aproximem da realidade.

> **CONCEITO-CHAVE**
>
> Independentemente do método de custeio adotado, as empresas costumam utilizar o custo unitário para analisar e definir preços ou, até mesmo, avaliar pedidos especiais de clientes. Segue a fórmula para calcular o custo unitário de um produto:
>
> **Custo unitário = gasto total da empresa ÷ número de produtos vendidos**

Contudo, o custo unitário deve ser utilizado com cuidado, pois considerar os gastos fixos da empresa, ao calculá-lo, pode levar a decisões erradas, como ilustra o caso a seguir:

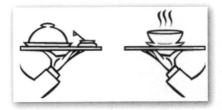

> **EXEMPLO**
>
> Para calcular o custo unitário de cada refeição vendida no restaurante Bom de Garfo, são dados:
> - gastos fixos = R$ 15.000;
> - gastos variáveis = R$ 15.000;
> - produção = 3 mil refeições;
> - preço de venda = R$ 12 por refeição.

CUSTOS PARA DECISÕES DE PREÇO | **53**

Considere, ainda, que o Bom de Garfo tem capacidade para produzir até 5 mil refeições e serve um único tipo de refeição aos clientes. Pede-se o custo unitário de cada refeição. Basta calcular o gasto total do restaurante e dividir o resultado pelo número de refeições servidas:

- gasto total = R$ 15.000 + R$15.000 = R$ 30.000;
- número de refeições = 3.000;
- custo unitário da refeição = R$ 30.000 ÷ 3.000 = R$ 10.

Uma fábrica vizinha propõe ao Bom de Garfo a compra de mil refeições por R$ 6 cada. Deve o restaurante aceitar essa proposta?

Se o custo unitário de R$ 10 for utilizado como referência, a proposta deve ser recusada. No entanto, se o restaurante utilizar como referência apenas os gastos variáveis na determinação do custo unitário, este será de R$ 5 (R$ 15.000 ÷ 3.000); nesse caso, é viável aceitar a proposta, pois esta ainda vai gerar uma margem de contribuição de R$ 1 por refeição (R$ 6 – R$ 5).

Como ainda há capacidade produtiva ociosa e as mil refeições adicionais não vão aumentar os gastos fixos, a proposta é vantajosa, pois, se aceitá-la, o Bom de Garfo lucrará mais R$ 1.000.

Custo de material e mão de obra

Para determinar o custo de um produto, é preciso acompanhar e controlar o gasto com material direto, que é um dos gastos variáveis mais relevantes dentro do custo total de um produto ou serviço. Segue a fórmula de cálculo do custo de material consumido:

Custo de material = estoque inicial + compra de materiais – estoque final = material consumido

EXEMPLO

Os custos de certa fábrica de roupas são:*

- estoque inicial = R$ 11.000;
- compra de materiais = R$ 73.000;
- estoque final de matéria-prima = R$ 8.000.

* Dados referentes ao período de um mês.

Essa fábrica pretende determinar o custo de produzir uma de suas linhas de calças *jeans*. Além dos custos de mão de obra e dos custos indiretos relacionados a cada linha de roupas, a fábrica deseja apurar quanto material foi utilizado para produzir mil calças durante o período de um mês.

Continua

> Solução:
> Para determinar o custo dos materiais consumidos na prestação do serviço basta usar a fórmula:
>
> custo de material = estoque inicial + compra de materiais − estoque final = material consumido.
> Assim:
>
> | Estoque inicial | + | Compra de materiais | − | Estoque final | = | Material consumido |
> |---|---|---|---|---|---|---|
> | R$ 11.000 | | R$ 73.000 | | R$ 8.000 | | R$ 76.000 |
>
> Ou seja: custo de material direto = R$ 76 por calça.

Ao analisar uma empresa de serviços, é possível verificar que, geralmente, o principal item de gasto é a mão de obra. Assim, mensurar adequadamente o custo desse item para compor o preço final do serviço é fundamental para a tomada de decisão.

A mão de obra é tratada conceitualmente como um custo variável em diversas publicações norte-americanas, pois a legislação permite remuneração por hora de trabalho.

Já no Brasil, a legislação trabalhista impõe pagar ao trabalhador uma remuneração mensal mínima, independentemente da produção. Apesar dessa restrição legal, para fins de controle gerencial, determinação de custo e precificação, a mão de obra será considerada, aqui, um custo variável. Para transformar a remuneração paga ao trabalhador brasileiro, que é um custo fixo, em custo variável, é preciso convertê-la em um valor hora/homem.

Seguem os passos para realizar essa conversão:[7]

---

[7] Valores calculados, a partir do salário-base de um mensalista, para uma empresa não optante pelo Simples. Para outras modalidades, consultar: <www.guiatrabalhista.com.br/tematicas/custostrabalhistas.htm>. Acesso em: 27 jan. 2011.

> **Passo 1 — determinar a capacidade produtiva do trabalhador**

> Uma jornada de trabalho de 44 horas semanais implica 176 horas de trabalho por mês, que seria o valor máximo; todavia, é preciso considerar ainda: férias remuneradas, feriados e faltas abonadas, entre outros períodos de descanso. Assim, como base de cálculo, será estabelecida aqui uma capacidade máxima de 160 horas.

> **Passo 2 — determinar o custo da hora de trabalho**

> Para obter o gasto total efetivo, a empresa deve somar ao salário do trabalhador *encargos sociais e benefícios*. Os engargos sociais a observar representam, em média, 80% do salário, com parcelas como: 13º salário, férias remuneradas, INSS, FGTS, seguro de acidente de trabalho (SAT), salário, contribuições para o Sistema S, entre outras. Além desses encargos, há ainda o custo dos benefícios oferecidos ao trabalhador, como vale-transporte, vale-refeição e outros, eventualmente oferecidos, como previdência privada, cesta básica e bonificação por produtividade.

Com essa conversão, torna-se possível determinar o custo hora/homem e, então, com a definição do total de horas consumido em um serviço, a empresa pode, finalmente, determinar o custo de mão de obra.

> **EXEMPLO**
>
> Uma empresa de consultoria deseja estabelecer seu custo homem/hora para precificar seus serviços. Considerando que o consultor júnior recebe um salário mensal de R$ 3.000,00 e R$ 600 de auxílio-refeição, o custo total de mão de obra será:

Continua

Solução:
- salário-base = R$ 3.000,00;
- encargos sociais = 80%;
- total parcial = R$ 5.400,00 (R$ 3.000,00 + 80% × R$ 3.000,00);
- auxílio-refeição = R$ 600,00;
- total = R$ 6.000,00 (R$ 5.400,00 + R$ 600,00).

O custo total desse consultor é de R$ 6.000,00/mês.
Custo mensal convertido em valor de hora de trabalho:
- custo total do consultor/mês = R$ 6.000;
- horas de trabalho/mês = 160;
- custo do consultor/hora = R$ 37,50.

Assim, o custo de R$ 37,50/hora será adicionado a todos os projetos que necessitarem dos serviços do consultor júnior.

Custeio RKW

Descrição do método de custeio RKW

Para o RKW, o custo de um produto deve incluir *todos* os gastos – inclusive custos e despesas – associados à produção e à venda. Esse método, surgido na Alemanha no começo do século XX, considera que o preço cobrado dos clientes deve ser capaz de cobrir *todos* os gastos e ainda remunerar, com lucro, o capital empregado.

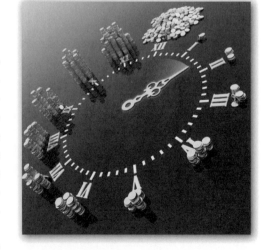

Determinar o custo total unitário de um produto ou serviço é um desafio, pois mesmo que em um primeiro momento a empresa conte com os recursos diretos, que podem ser identificados, produtos e serviços também consomem recursos indiretos, que não se associam a cada produto separadamente.

CUSTOS PARA DECISÕES DE PREÇO | 57

> **COMENTÁRIO**
> O *custeio RKW* foi derivado do sistema desenvolvido na Alemanha no início do século XX. A sigla RKW significa Reichskuratorium für Wirtschaftlichkeit, que, traduzida e contextualizada, seria algo equivalente ao conselho monetário que define a política econômica brasileira.

> **EXEMPLO**
> **Produtos**
> Ocupam espaço físico e, portanto, devem pagar parte do aluguel.
> Utilizam os serviços da equipe de apoio de recursos humanos e, assim, devem contribuir com o pagamento de parte dos salários desses profissionais.
> São usuários dos sistemas de informação; devem, pois, cobrir parte do que é gasto com o desenvolvimento e a manutenção de tais sistemas.

Identificar o melhor critério de divisão dos gastos indiretos para associá-los a cada produto é o foco desse método; seu modelo conceitual está descrito na figura 8.

FIGURA 8: MODELO CONCEITUAL DO RKW

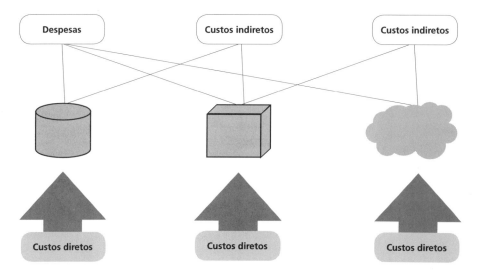

Com a decisão de utilizar o método de custeio RKW para o cálculo do custo total unitário de um produto, o próximo passo é determinar quais serão os critérios de rateio a utilizar.

Critério de rateio é o parâmetro utilizado para apropriar os gastos indiretos aos produtos. Ao escolher um critério de rateio, a empresa deve ter como objetivo mensurar o consumo dos recursos indiretos pelos produtos. Por exemplo, no rateio do valor de um aluguel, é comum utilizar a área útil que cada produto ocupa como critério de apropriação.

Os critérios de rateio mais utilizados são:

- Volume de vendas.
- Preço de venda.
- Custo de mão de obra direta do produto.
- Custo de material direto do produto.
- Custo total de um produto.
- Área ocupada por um produto.

A escolha de um critério de rateio, por ser uma decisão arbitrária, exige cuidados. Recomenda-se utilizar uma planilha eletrônica e verificar, por meio de uma simulação, como a alteração do critério de rateio pode influenciar o custo total de um produto.

O custeio RKW e a determinação do custo

Para determinar o custo de um produto, por meio do custeio RKW, basta aplicar a fórmula a seguir:

Custo total RKW = custos diretos + custos indiretos rateados + despesas rateadas

O resultado poderá variar dependendo do critério de rateio escolhido. Por isso, sempre que o departamento responsável receber o valor do custo de um produto para determinar o preço, é importante que esse critério seja conhecido.

EXEMPLO

Uma fábrica de eletroeletrônicos fabrica um modelo de TV cujas características são:
- LCD;
- tela de 32";
- monitor de LCD para computador com tela de 20";
- um modelo de DVD.

Os custos variáveis unitários para produzir a TV são:

Continua

- materiais diretos = R$ 150,00;
- mão de obra direta = R$ 50,00.

Para o monitor de LCD, os custos variáveis unitários são:

- materiais diretos = R$ 100,00;
- mão de obra direta = R$ 25,00.

Já para produzir o DVD, os custos variáveis unitários são:

- materiais diretos = R$ 30,00;
- mão de obra direta = R$ 20,00.

Volume de vendas no mês de junho:

- 100 unidades da TV;
- 50 unidades do monitor;
- 50 do DVD.

Existem ainda gastos que não foram apropriados aos produtos, como:

- aluguel da fábrica = R$ 10.000;
- salário das equipes administrativa, financeira, de recursos humanos e de marketing = R$ 100.000;
- gastos com energia e água (fábrica) = R$ 5.000;
- salário da supervisão de produção = R$ 10.000.

Outros dados:

- área total da fábrica = 1.000 m^2;
- área ocupada para a produção de TVs = 500 m^2; de monitores = 300 m^2; de DVDs = 200 m^2.

Os preços de venda e o volume de vendas são, respectivamente:

- R$ 1.000 e 500 unidades para a TV de LCD;
- R$ 500 e 300 unidades para o monitor;
- R$ 100 e 1.000 unidades para o DVD.

Determinar o custo unitário de cada produto.
A primeira etapa é organizar as informações do problema:

	TV LCD 32"	Monitor	DVD
Material direto	R$ 150	R$ 100	R$ 30
Mão de obra	R$ 50	R$ 25	R$ 20
Custos variáveis	R$ 200	R$ 125	R$ 50

Continua

A segunda etapa é apropriar os custos indiretos e as despesas aos produtos:

Simulação 1 – Usar um único critério de rateio: todos os custos indiretos e as despesas serão divididos com base na área ocupada pelos produtos dentro da fábrica.

Produto	Área	Participação
TV LCD 32"	500 m²	500/1.000 = 50%
Monitor	300 m²	300/1.000 = 30%
DVD	200 m²	200/1.000 = 20%
Total	1.000 m²	100%

Produto	% da área ocupada	Custos indiretos + despesas	Rateio	Total
TV LCD 32"	50%		125.000 x 0,5	R$ 62.500
Monitor	30%	R$ 125.000	125.000 x 0,3	R$ 37.500
DVD	20%		125.000 x 0,2	R$ 25.000
Subtotal	100%	—	—	R$ 125.000

Para determinar o custo unitário total de cada produto, é preciso dividir os valores alocados (apropriados) pelas quantidades vendidas de cada produto e somar o resultado ao custo unitário de cada um:

Produto	Custo rateado unitário		Custo total		
	Alocação de despesas e custos indiretos (R$)	Qtde.	Custo rateado (R$)	Custo variável	Total
TV LCD 32"	62.500	500	R$ 125	R$ 200	R$ 325
Monitor	37.500	300	R$ 125	R$ 125	R$ 250
DVD	25.000	1.000	R$ 25	R$ 50	R$ 75

Simulação 2 – Usar vários critérios de rateio de acordo com o tipo de gasto:

- o valor do aluguel será dividido de acordo com a área ocupada pelos produtos;
- os valores das contas de água e luz, equipe administrativa e supervisão serão alocados de acordo com a participação na receita total.

O primeiro passo é entender a participação dos produtos dentro da receita total:

Continua

Produto	Preço (R$)	Qtde	Receita total (R$)	Participação
TV LCD 32"	1.000	500	500.000	67%
Monitor	500	300	150.000	20%
DVD	100	1.000	100.000	13%
total			750.000	

Com essa informação, ratear custos indiretos e despesas:

Critério de rateio	Custo indireto					Despesa	Total (A+B+C+D)
	%	Aluguel da fábrica (A)	%	Energia e água (B)	Sup. fábrica (C)	Equipe adm. (D)	
	Área ocupada		Participação na receita total (R$)				
TV LCD	50	5.000	67	3.350	6.700	67.000	82.050
Monitor	30	3.000	20	1.000	2.000	20.000	26.000
DVD	20	2.000	13	650	1.300	13.000	16.950
Subtotal		10.000		5.000	10.000	100.000	125.000

A partir do valor total alocado aos produtos, determinar o rateio unitário:

Produto	Total de despesas e custos indiretos (R$)	Qtde.	Custo rateado (R$)
TV LCD	82.050	500	164,10
Monitor	26.000	300	86,60
DVD	16.950	1.000	16,95

	Custo variável (R$)	Custos indiretos e despesas rateados (R$)	Custo total unitário (R$)
TV LCD	200	164,10	364,10
Monitor	125	86,60	211,60
DVD	50	16,95	66,95

Conclusão:

Como observado, as simulações demonstram que, dependendo do(s) critério(s) de rateio escolhido(s), o custo do produto poderá sofrer grandes alterações; daí a importância de conhecer os critérios utilizados no processo de precificação.

O método de custeio RKW tem algumas limitações quanto à sua utilização. As principais são: (a) a arbitrariedade na definição do rateio pode levar a decisões erradas; (b) a análise de lucratividade do portfólio deve ser realizada com cuidado, pois a exclusão de um produto deficitário pode piorar a situação; (c) alguns gastos indiretos rateados não podem ser modificados pelos gestores do produto; com isso, a alocação desses gastos pode gerar situações de conflito.

A fábula a seguir tem por objetivo destacar, de forma curiosa e criativa, as diferenças entre os vários conceitos de *custo*. A pequena história deve ser lida com atenção para que se possa refletir sobre as críticas do *contador de custos* a respeito da decisão tomada pelo dono do restaurante da esquina, quando este resolveu dispor de um pedaço do balcão para vender saquinhos de amendoim.

Fábula sobre custos para decisões de preço

Joaquim, dono do restaurante da esquina, resolveu vender, além dos seus produtos normais, pequenos pacotes de amendoim para aumentar seus lucros. Seu contador avisa ao nosso Joaquim que este tem um grande problema:

Contador: Joaquim, você me disse que quer vender estes amendoins porque grande número de pessoas deseja comprá-los. Será que você já pensou no custo?

Joaquim: É lógico que não vai me custar nada. É verdade que eu tive de pagar R$ 3.750,00 pela prateleira, mas os amendoins custam R$ 9,00 o pacote e nós os venderemos por R$ 15,00. Espero vender 50 pacotes por semana para começar. Em pouco mais de 12 semanas, cobrirei o custo da prateleira. Depois disso, terei um lucro líquido de R$ 6,00 por pacote. Quanto mais vender, maior o lucro.

Contador: Este seu ponto de vista é antiquado e completamente irreal.

Joaquim: O quê?

Contador: Quero dizer que devemos integrar toda a operação "venda de amendoins" dentro da sua empresa e apropriar aos pacotes de amendoins a sua parcela correta do total das despesas gastas. Devemos apropriar aos pacotes uma parte proporcional das despesas do restaurante com aluguel, luz, aquecimento, depreciação, salários dos garçons e do cozinheiro, entre outros.

Joaquim: Do cozinheiro? O que é que ele tem a ver com os amendoins?

Contador: Olhe, Joaquim, o cozinheiro trabalha na cozinha; a cozinha prepara a comida; a comida traz os fregueses que serão os compradores dos amendoins. Uma análise dos custos, cuidadosamente calculada, indica que o lucro da venda de amendoins deve ser igual a R$ 191.700,00 por ano para cobrir as despesas gerais.

Joaquim: Os amendoins devem cobrir R$ 190.000,00 de despesas gerais?

Contador: Na verdade, o total dessas despesas é um pouco superior a isso. Todas as semanas você tem despesas com limpeza e lavagem das janelas e do chão, além da reposição dos sabonetes consumidos no lavatório; assim, o total sobe para R$ 196.650,00 por ano.

Joaquim (pensativo): O vendedor de amendoins me disse que eu conseguiria bons lucros – era só colocar os pacotes perto da caixa registradora e pronto – R$ 6,00 de lucro por pacote vendido. `

Continua

Contador (torcendo o nariz): Ele não é um contador. Você sabe quanto lhe custa a porção de espaço sobre o balcão ao lado da caixa registradora?

Joaquim: Não custa nada, pois é um espaço morto, inútil.

Contador: O ponto de vista moderno sobre os custos não nos permite pensar em espaços inúteis. O seu balcão ocupa 6 m^2 e as vendas anuais totalizam, em média, R$ 2.250.000,00. Logo, o espaço ocupado pela prateleira de amendoins lhe custará R$ 37.500,00 por ano.

Joaquim: Você quer dizer que eu devo acrescentar, por ano, mais R$ 37.500,00 como despesa com a venda de amendoins?

Contador: Justamente. Isto elevará os custos gerais de operação a um total geral de R$ 234.450,00 por ano. Ora, se você quer vender 50 pacotes de amendoins por semana, estes custos representarão R$ 90,00 por pacote.

Joaquim: O quê?

Contador: Evidentemente, devemos acrescentar a isto o custo de compra – R$ 9,00 o pacote, o que nos dará o total de R$ 99,00.

Joaquim (com um sorriso inteligente): E se eu vender muitos pacotes – mil pacotes por semana, em vez de somente 50?

Contador (com um ar tolerante): Joaquim, você não entendeu o problema. Se as vendas aumentarem, acontecerá o mesmo com os seus custos operacionais – maior número de pacotes, maior o tempo gasto, maior a depreciação etc.

Joaquim: Ok. Já que você sabe tanto, o que devo fazer?

Contador: Bem, você poderia reduzir seus custos operacionais.

Joaquim: Como?

Contador: Mude-se para um imóvel de aluguel mais baixo, diminua os salários, mande lavar as janelas de 15 em 15 dias, não ponha mais sabonetes nos lavatórios. Por exemplo, se você conseguir reduzir suas despesas em 50%, a porção das despesas gerais que será apropriada à venda dos pacotes de amendoim passará de R$ 234.500,00 para R$ 117.250,00, por ano; com isso, o custo cairá para R$ 54,00 o pacote.

Joaquim (não muito satisfeito): E isso será interessante?

Contador: É lógico que sim. Contudo, ainda assim, você perde R$ 39,00 por pacote se o seu preço de venda for somente R$ 15,00. Se desejar um lucro de R$ 6,00 por pacote, o seu preço de venda deverá ser R$ 60,00.

Joaquim (desolado): Você quer dizer que, depois de reduzir minhas despesas em 50% ainda tenho que cobrar R$ 60,00 cada pacote? E quem vai comprá-los a esse preço?

Contador: Isto é uma consideração secundária. O que interessa é que R$ 60,00 é um preço de venda baseado em uma avaliação real e justa dos seus custos operacionais já reduzidos.

Joaquim (desesperado): É incrível! Na semana passada, eu estava ganhando dinheiro.

Contador (com um olhar sério): O objetivo dos estudos modernos de custo, Joaquim, é eliminar essas falsas ilusões.

Fonte: Adaptado de Leone (1997).

Custeio variável

Características e determinação do custo

Devido às limitações do método RKW quanto à apropriação dos gastos fixos aos produtos, criou-se um método de custeio alternativo, o *custeio variável*.

> **CONCEITO-CHAVE**
>
> O custeio variável apropria aos produtos somente os custos variáveis e considera os demais gastos como despesas do período.

Ao não incluir os custos indiretos e as despesas no cálculo do custo total de um produto, o custeio variável tem como objetivo evitar as ineficiências causadas pelo rateio, uma vez que este é fruto de uma decisão arbitrária. O modelo conceitual do custeio variável pode ser visualizado na figura 9.

FIGURA 9: MODELO CONCEITUAL DO CUSTEIO VARIÁVEL

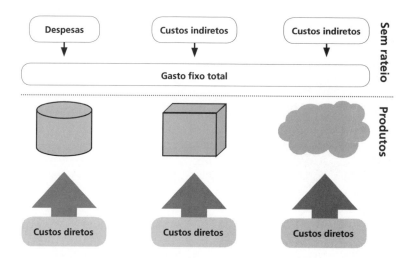

> **COMENTÁRIO**
>
> Por não considerar os custos indiretos e as despesas, o custo variável será sempre inferior ao custo RKW. Assim, é importante que, na determinação do preço de venda, seja utilizada uma margem de contribuição suficiente para cobrir *todos os gastos* (fixos + variáveis).

CUSTOS PARA DECISÕES DE PREÇO | **65**

EXEMPLO

E lá na fábrica de eletroeletrônicos...
Os gestores decidem substituir o RKW pelo custeio variável. Desse modo, o custo unitário de cada produto será formado apenas pelos custos diretos:

	TV LCD	Monitor	DVD
Material direto (R$)	150,00	R$ 100,00	30
Mão de obra (R$)	50,00	R$ 25,00	20
Custos variáveis unitários (R$)	200,00	R$ 125,00	50

Vantagens e desvantagens do custeio variável

A escolha do método de custeio variável carreia algumas vantagens para a empresa. Seguem as principais:

Vantagens do custeio variável

- Os custos dos produtos são mensuráveis objetivamente, pois não sofrem processos arbitrários ou subjetivos de rateio.

- O custeio variável permite tanto a tomada de decisão quanto um melhor planejamento do lucro.

- Fica mais fácil utilizar a análise custo × volume × lucro como ferramenta complementar na determinação do preço.

No entanto, essa escolha também traz desvantagens:

Desvantagens do custeio variável

- A exclusão dos custos fixos na determinação do custo para fins de precificação gera um subdimensionamento do custo do produto.

- O custeio variável foca decisões de curto prazo. Por isso, não avalia, entre outras questões, a *capacidade produtiva* [da empresa], que tem influência sobre os gastos fixos.

Mark-up

Definição e cálculo

Com o objetivo de auxiliar os gestores a definir o preço de venda de um produto, foi desenvolvida uma fórmula matemática conhecida como *mark-up*. Por meio dela, é possível determinar o preço a ser praticado para obter o lucro desejado.

> **CONCEITO-CHAVE**
>
> *Mark-up* é um método que permite somar ao custo unitário do produto uma margem para determinar o seu preço de venda.

A margem do *mark-up* deve ser suficiente para cobrir todos os gastos da empresa e ainda gerar o lucro desejado pelos acionistas.

O *mark-up* não deve ser confundido com o lucro, conforme lembra Bernardi (2007). Se uma empresa utiliza o *mark-up* para obter 100% de margem, precisará, ainda, deduzir impostos e comissões, o que, naturalmente, diminuirá sua margem.

Por sua simplicidade, o *mark-up* é uma das técnicas mais utilizadas por pequenas e médias empresas para auxiliar na formação do preço de venda de seus produtos. Da mesma forma, outras empresas de diversos segmentos de mercado também utilizam o método para esse fim.

Compõem a fórmula do *mark-up*:

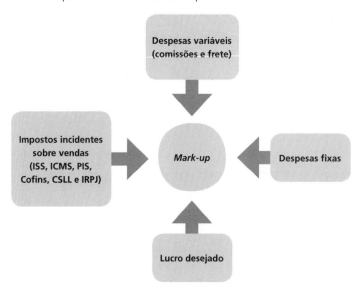

O grande problema é que os componentes utilizam, dentro do *mark-up*, parte das despesas fixas. Sobre isso, Bernardi (2007) aponta como alternativas:

- Utilizar uma média das despesas fixas acumuladas em um período mais longo, em relação às vendas no período, com o objetivo de calcular um percentual médio sobre as vendas a fim de utilizá-lo no *mark-up*. Se for utilizada essa opção, torna-se necessário que a empresa monitore constantemente a participação das despesas fixas nas vendas, de modo que o percentual utilizado no *mark-up* seja regularmente analisado.
- Incluir o total das despesas fixas de forma unitária, em valores absolutos, o que é possível se existir apenas um produto ou uma linha similar; contudo, empresas cujos portfólios são diversificados não devem utilizar essa alternativa.

- Aplicar *mark-ups* diferenciados, proporcionais às vendas e às margens dos produtos, conforme o nível de retorno do capital empregado.

Segue a fórmula para calcular o *mark-up*:

$$\text{Mark-up} = \frac{\text{Custo variável unitário}}{1 - (\%\ \text{despesas} + \%\ \text{comissões} + \%\ \text{impostos} + \%\ \text{lucro})}$$

EXEMPLO

E lá na fábrica de eletroeletrônicos...
São dados:
- custo variável unitário da TV LCD = R$ 200;
- método = *mark-up*;
- despesas sobre o preço de venda = 25%;
- comissão sobre vendas = 5%;
- impostos = 20%;
- margem de lucro = 30%;
- preço de venda = ?

Continua

Solução:

	R$200
Mark-up	$\dfrac{1 - (0,25 + 0,05 + 0,2 + 0,3)}{R\$\ 200}$
	$\dfrac{0,2}{= R\$\ 1.000,00}$

Portanto, cada unidade da TV de LCD deve ser vendida por R$ 1.000,00.

Venda a prazo

Dentro da política de vendas, é bastante comum oferecer ao cliente prazo para pagamento como estratégia para aumentar as vendas. No entanto, essa estratégia gera despesas adicionais com encargos financeiros. Estes, que devem estar incluídos no preço de venda, são motivados pelo financiamento do capital de giro.

O cuidado no tratamento dos juros sobre o preço de venda é destacado por Coelho (2009). Considere-se a seguinte situação hipotética:

Em uma negociação com o cliente, estabeleceu-se que:

- prazo de pagamento = 90 dias;
- juros = compostos;
- taxa = 3% a.m.;
- resultado acumulado = 9,27% (1,03 × 1,03 × 1,03).

Se a taxa de 9,27% for aplicada sobre o preço de venda haverá um problema, pois todos os demais gastos variáveis vinculados à receita também serão alterados e, como consequência, o resultado final será pior do que o resultado da venda.

Para evitar esse erro, é preciso incorporar a taxa de juros ao cálculo do *mark-up*, mas, no caso de venda a prazo, a fórmula terá uma variável a mais:

CAPITAL DE GIRO

Conceito importante em finanças, mas que costuma ser usado com sentidos diferentes, exigindo cuidado na interpretação. Em sentido geral, corresponde ao total do ativo circulante da empresa, por ser este formado por bens e direitos realizáveis em curto prazo, de rápida movimentação – giro – e originados, naturalmente, dos negócios. De fato, para operar, a empresa precisa ter dinheiro em mãos, conceder crédito, acumular estoques, de acordo com as práticas do setor. Em sentido restrito, refere-se ao ativo circulante deduzido do passivo circulante, resultando em capital circulante líquido – CCL – ou, propriamente, no capital de giro líquido – CGL. Pode ser positivo ou negativo. Considerando a dinâmica empresarial, o CGL constitui uma necessidade permanente de fundos e, por isso, precisa ser financiado com recursos de longo prazo, sejam esses de terceiros ou próprios.

$$\text{Mark-up} = \frac{\text{Custo variável unitário}}{1 - (\% \text{ despesas} + \% \text{ comissões} + \% \text{ impostos} + \% \text{ financiamento} + \% \text{ lucro})}$$

Para determinar o % do *financiamento,* são necessárias as seguintes informações:

- taxa de financiamento do capital de giro praticada pelo mercado financeiro;
- tempo de financiamento concedido ao cliente, em caso de venda a prazo.

EXEMPLO

E lá na fábrica de eletroeletrônicos...
São dados:

- custo variável unitário da TV LCD = R$ 200;
- método = *mark-up*;
- despesas sobre o preço de venda = 25%;
- comissão sobre vendas = 5%;
- impostos = 20%;
- margem de lucro = 30%;
- *juros do financiamento a prazo* = 5%;
- preço de venda = ?

Solução:

	R$200
	$1 - (0,25 + 0,05 + 0,2 + 0,3 + 0,05)$
Mark-up	R$ 200
	0,15
	=R$ 1.333,33

Portanto, na venda a prazo, cada unidade da TV de LCD sai por R$1.333,33

Por motivos como perda de mercado, diminuição nas vendas, baixo giro de produtos, excesso de estoques, concorrência e alcance do ponto de equilíbrio, a empresa pode definir *mark-ups* diferenciados para incentivar as vendas de determinados produtos.

No entanto, para utilizar esse método, é preciso considerar as seguintes restrições:

- somente os custos são utilizados para definir o preço de venda, ou seja, fatores como *valor* e *concorrência* não são considerados na definição do preço;

- os critérios de rateio utilizados para definir o custo unitário podem não ser adequados; com isso, o preço do produto pode ser subestimado ou superestimado;
- o volume de vendas dos produtos pode ser diferente do planejado inicialmente.

Assim, os custos unitários podem ser subestimados (no caso de vendas abaixo das expectativas) ou superestimados, para situações cujas vendas superam as metas.

Lucratividade do produto e portfólio

Aceitar ou rejeitar pedidos especiais

Em diversas situações, existem propostas de *pedidos especiais* que aguardam a decisão da empresa de aceitá-las ou rejeitá-las; para esse tipo de decisão, o método de custeio variável é mais recomendado que o de custeio por absorção.

> **CUSTOS VARIÁVEIS INCREMENTAIS**
> Custos que incorrem na produção de um produto adicional ou incremental.

Para estruturar esse tipo de situação, é preciso avaliar os custos variáveis incrementais do pedido especial; determinar a receita adicional que esse pedido vai gerar; avaliar os resultados e o alinhamento destes com os objetivos mercadológicos da empresa.

EXEMPLO

Uma indústria de canetas recebeu um pedido especial de fim de ano: um de seus maiores clientes deseja comprar 10 mil canetas e personalizá-las com sua logomarca.
A proposta do cliente por esse pedido especial é de R$ 2,00 por caneta.
Dados adicionais:
- a indústria trabalha com um único modelo, vendido por R$ 1,50;
- vendas no mês anterior = 100 mil unidades;
- custo médio unitário por caneta = R$ 1,35 (segundo demonstrativo de resultado do mês anterior);
- custo adicional = R$ 0,80 por caneta (gerado pela customização segundo o mesmo demonstrativo).

Continua

Considere, ainda, a tabela:

Receita total	R$ 150.000
(–) Gastos variáveis	R$ 90.000
(–) Gastos administrativos	R$ 45.000
Resultado	R$ 15.000

Avaliar a viabilidade desse pedido.

Solução:
Se o gestor somar o custo unitário médio (R$ 1,35) com o gasto variável adicional (R$ 0,80), obterá um orçamento (R$ 2,15 por caneta) superior à proposta do cliente. No entanto, para pedidos especiais, em que não há interferência no resultado das vendas normais da empresa, devem-se considerar somente as receitas incrementais ao resultado e os gastos. Com isso, o novo resultado será:

- custo variável unitário da caneta = R$ 90.000 ÷ 100.000 unidades = R$ 0,90;
- custo variável adicional pela personalização = R$ 0,80;
- custo variável total = R$ 1,70.

Temos, então, que:

- oferta = R$ 2,00;
- custo variável total = R$ 1,70;

Logo, margem = R$ 0,30 (R$ 2,00 – R$ 1,70) por caneta.
Como serão vendidas 10 mil unidades, o lucro adicional será de R$ 3.000,00.
E o novo demonstrativo:

Receita total	R$ 170.000
(–) Gastos variáveis	R$ 107.000
(–) Gastos administrativos	R$ 45.000
Resultado	R$ 18.000

A teoria das restrições e a contabilidade de ganhos

Há situações em que o processo produtivo sofre restrições. O tempo de uso disponível de uma máquina para atender a toda a produção é um exemplo que mostra a importância da *teoria das restrições, cujo objetivo é identificar o mix de produtos que maximiza a lucratividade, para a contabilidade de custos* (conhecida como contabilidade de ganhos (Corbett, 1997).

A contabilidade de custos tradicional preocupa-se com medidas de eficiência locais, enquanto a contabilidade de ganhos entende que a otimização das partes pode não conduzir à otimização global e reconhece nas medidas de eficiência uma ameaça à otimização do resultado da organização.

Nesse contexto, Corbett (1997) destaca como características essenciais da contabilidade de ganhos:

a) não se preocupa com eficiência local, a não ser em situações de restrição, pois entende que a busca da eficiência local dos recursos não limitadores do sistema pode levar a empresa a uma direção contrária aos fins a que se propõe, isto é, à sua meta; a ociosidade dos recursos não restritivos é uma necessidade;
b) representa uma quebra do paradigma mecanicista da administração científica, dado que enfoca a empresa de forma sistêmica, ou seja, para a contabilidade de ganhos, a soma dos ótimos locais não leva ao ótimo do sistema;
c) entende que não é uma necessidade determinar custos e, naturalmente, não aceita nenhuma base de rateio para alocação destes aos produtos; contrariamente à contabilidade de custos tradicional, entende ainda que o fundamental não são os custos, mas o impacto que as decisões relacionadas aos produtos têm no resultado da empresa;
d) adota como princípio que o preço dos produtos é definido pelo mercado. Isso posto, à contabilidade gerencial cabe informar se as quantidades vendidas, a partir desse preço, irão aumentar a lucratividade da organização;
e) assume que a classificação essencial são as restrições, que, se controladas, podem evitar o incremento dos custos fixos;
f) tem como grande desafio mudar a crença dos administradores, que, estacionados nos velhos paradigmas, não entendem que o mais relevante para o resultado final da empresa é o impacto de suas decisões (é a chamada mudança do "mundo dos custos" para o "mundo dos ganhos").

Canibalização de produtos

> **CONCEITO-CHAVE**
>
> Segundo Hesket, apud Kerin e colaboradores (1978:26), a canibalização de produtos pode ser definida como "o processo pelo qual um novo produto ganha uma parte das suas vendas pelo desvio destas de um produto já existente". Uma definição que é bastante similar é a apresentada por Traylor (1986:70): "canibalismo ocorre quando as vendas de um dos produtos de uma empresa reduzem as vendas de outros dela mesma". Este último autor ainda ressalta que o canibalismo é um problema enfrentado basicamente por empresas que se utilizam de estratégias multimarcas, pois o risco de canibalismo aumenta à medida que elas procuram definições melhores e mais sutis de novos segmentos de mercado. Ou seja, a divisão excessiva de um determinado mercado vai tornando a diferença entre os segmentos cada vez menor, o que contribui para o processo de canibalização, uma vez que produtos direcionados a um determinado segmento podem atrair, também, o público que faz parte de outro segmento [...] [Oliveira e Mattar, 2000:40].

Em relação às definições supramencionadas, cabe complementar que, *de acordo com a estratégia de preços*[8] *utilizada,* alguns produtos podem canibalizar as vendas de outros, o que pode reduzir a lucratividade do portfólio da empresa.

Devido a essa possibilidade, é muito importante que as estratégias de produto e de preço estejam alinhadas, pois esse alinhamento é um modo de otimizar os resultados da empresa. Para determinar a taxa de canibalização dos produtos, é preciso utilizar a fórmula a seguir:

> **Taxa de canibalização = vendas perdidas nos produtos existentes ÷ vendas do novo produto**

A taxa de canibalização mostrará quantos produtos já existentes deixarão de ser vendidos com a venda de cada produto novo. Uma das formas de evitar esse problema é estabelecer preços diferentes para linhas de produto diferentes.

> **EXEMPLO**
>
> Uma pequena loja de guarda-chuvas apresenta os seguintes dados:
>
> - comercializa um único modelo da marca "Sempre Seco";
> - preço de venda = R$ 20;
> - preço de custo = R$ 10;
> - vendas = 100 unidades (segundo demonstrativo de resultado do mês anterior).

Continua

---

[8] Para conhecer mais indicadores de marketing para decisões de precificação, consulte Farris e colaboradores (2007).

Dados adicionais:

- estratégia do dono: lançamento de uma nova marca – a "Seco Premium";
- vendas esperadas = 50 unidades;
- preço de venda = R$ 30;
- preço de custo = R$ 15;
- perda de vendas – na marca "Sempre Seco", já comercializada pela empresa, estimada em 30 unidades (como resultado do lançamento da nova marca).

Avaliar a estratégia empregada pelo sr. Luís, dono da loja, para obter melhores resultados.

Solução:
A tabela a seguir organiza os dados do problema:

	Marca "Sempre seco"	Marca "Seco Premium"
Preço	R$ 20	R$ 30
(–) Custo variável	R$ 10	R$ 15
(=) Margem de contribuição	R$ 10	R$ 15
Total de vendas	100	50
Margem de contribuição total	R$ 1.000	R$ 750

Se não existisse canibalização, as vendas seriam apenas incrementais e o resultado da loja seria aumentado em R$ 750. Contudo, devido à perda estimada, será necessário avaliar se o resultado final será melhor.
A fim de determinar o novo resultado, o resultado do produto "Sempre Seco" deverá ser ajustado em 60%, que corresponde à taxa de canibalização ($30 \div 50 = 60\%$).
Segue, então, nova tabela:

	Taxa canibalização	Margem de contribuição (R$)	Margem de contribuição ajustada (R$)
"Sempre Seco"	60% (a)	1.000 (b)	400
"Seco Premium"		750	750
Total		1.750	**1.150**

O resultado de R$ 1.150 é superior ao anterior (de R$ 1.000), que havia sido gerado por um produto apenas, e revela que as estratégias de preço e produto geraram valor para a empresa.

Capítulo 4

Estratégia de preços

A escolha da estratégia de preço mais adequada ao ambiente competitivo de uma empresa envolve o comportamento da demanda de seus clientes, o posicionamento de mercado da empresa, o seu portfólio e o ciclo de vida dos seus produtos. Além disso, é um desafio que pode levar a empresa a ganhar mercado e tornar-se lucrativa ou a ter sérios problemas de liquidez e falir.

Neste último capítulo, serão discutidas as principais estratégias de preço e, sobretudo, as situações em que elas são mais apropriadas.

Escolha da estratégia de preços

Objetivos da precificação

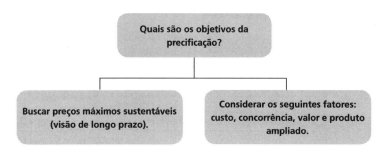

A figura 10 ilustra os principais objetivos a alcançar dentro de cada fator.

FORMAÇÃO E GESTÃO DE PREÇOS

FIGURA 10: OBJETIVOS DA PRECIFICAÇÃO[9]

Teto do preço

Fatores a considerar

Precificação baseada no custo
- Determinar custos variáveis e fixos.
- Identificar obstáculos e falhas.
- Avaliar o atendimento rápido e o índice de previsão de erros.
- Definir as margens desejadas e as políticas de desconto.

Precificação baseada na concorrência
- Determinar a posição no ciclo de vida.
- Avaliar os produtos e serviços da concorrência.
- Medir os custos para mudar de fornecedor.

Precificação baseada no valor
- Criar padrões econômicos do negócio dos clientes.
- Determinar o impacto sobre o lucro.
- Desenvolver um estudo de caso para o cliente.

Precificação do produto ampliado
- Acrescentar características ou serviços.
- Oferecer pacotes de soluções.
- Identificar os aspectos valorizados pelo consumidor.
- Avaliar as melhoras no desempenho e o aumento da confiabilidade

Piso do preço

Ao escolher a estratégia de preços, a partir da análise de seus principais fatores, a empresa deve considerar questões-chave que permitam potencializar seus resultados.

O quadro a seguir apresenta essas questões:

Precificação			
Custo	**Concorrência**	**Valor**	**Produto ampliado**
Como: a) Tirar vantagem da capacidade adicional? b) Amortizar os custos com pesquisa? c) Incorporar o aumento dos custos no preço?	a) Qual a visibilidade do preço da concorrência? b) Qual a similaridade do produto? c) Quais são os custos da mudança de fornecedor? d) Como nosso produto está posicionado? e) Qual é o prêmio da marca?	a) Que critérios o consumidor usa na hora da compra? b) Quais os mais relevantes? c) Que papel esses critérios desempenham na hora da escolha? d) Quem decide?	a) Como a empresa pode associar outros produtos à oferta? b) Quais serviços também seriam úteis? c) Há algum modo de transformar o produto ou o serviço em uma solução?

No processo de precificação, a empresa pode ainda utilizar a *matriz valor × preço* a fim de avaliar se, para o cliente, o preço está adequado à oferta.

Para construir essa matriz, é preciso seguir o roteiro descrito na figura 11.

---

[9] Adaptado de *HSM Management*, n. 44, maio/jun. 2004.

ESTRATÉGIA DE PREÇOS | 77

FIGURA 11: MATRIZ *VALOR X PREÇO*[10]

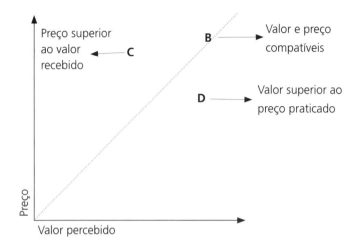

Segue a relação de passos para construir a matriz *valor × preço*:

1. Liste os critérios que os consumidores usam para tomar decisões de compra, mas exclua o preço. Esses critérios são os atributos do produto/serviço.

2. Pondere os atributos listados, pois os pesos são definidos de acordo com a importância de cada um para o consumidor (sem o preço); ressalte-se que os pesos devem totalizar 100.

3. No topo da planilha, liste os concorrentes e, quando estiver recolhendo dados do consumidor, avalie aqueles que este reconhece como fornecedores aceitáveis.

4. Pontue cada atributo (de cada concorrente) com base em uma escala de 1 (não satisfaz às necessidades do consumidor) a 10 (satisfaz perfeitamente).

5. Pondere os atributos preço e não preço na decisão de compra: ambos devem totalizar 100. Por exemplo, se o atributo preço equivale a 40% da decisão de compra, o não preço só pode equivaler a 60%.

Continua

---

[10] Adaptado de *HSM Management*, n. 33, jul./ago. 2002.

> 6. Liste os preços cobrados, de fato, pelos diversos concorrentes; é possível posicionar o atributo preço, na matriz, como um percentual da média de preços de todos os concorrentes existentes no mercado.

> 7. Calcule a posição de valor de cada concorrente: some cada escore de desempenho do atributo considerado e multiplique pelo peso desse atributo.

> 8. Distribua cada concorrente na matriz valor × preço.

Ao utilizar essa matriz, a empresa consegue avaliar sua estratégia de preço e compará-la à dos principais concorrentes. Assim, um concorrente à direita da linha de valor justo, por exemplo, está embutindo mais valor no preço cobrado.

A relação preço × qualidade e o posicionamento

A relação entre a estratégia de preço e a qualidade do produto também é um fator importante para o posicionamento de mercado de uma empresa. Para a compreensão das diferentes relações possíveis, será analisada a matriz *preço × qualidade* construída por Kotler (2000), a seguir.

FIGURA 12: MATRIZ *PREÇO × QUALIDADE*

Qualidade do produto	Baixo	Médio	Alto
Alta	Estratégia de supervalor	Estratégia de alto valor	Estratégia de preço *premium*
Média	Estratégia de valor bom	Estratégia de valor médio	Estratégia de preço excessivo
Baixa	Estratégia de economia	Estratégia de falsa economia	Estratégia de "assalto ao cliente"

Preço

A partir da análise do quadrante em que está situada a estratégia de preço do portfólio de produtos, é possível avaliar as opções estratégicas disponíveis:

Quadrante cinza: contém as estratégias que podem coexistir dentro do mesmo portfólio, pois inclui desde um produto de baixa qualidade com preço baixo, para determinado nicho de mercado, até um produto de alta qualidade e preço superior.

Quadrante vermelho: algumas empresas adotam essas estratégias, pois estabelecem preços superiores à qualidade dos produtos oferecidos. O principal risco dessa estratégia é a insatisfação dos clientes e a queda nas vendas.

Quadrante verde: contém estratégias para enfrentar a concorrência, uma vez que são oferecidos produtos de qualidade superior (ou de mesma qualidade) *a um preço inferior*.

Para a definição da estratégia de preço, a empresa deve considerar, ainda, o comportamento e a forma de atuação dos concorrentes. A *matriz econômica de preços* (figura 13), avalia a estrutura competitiva de um setor e o modo como empresas atuantes estabelecem suas estratégias de preço.

FIGURA 13: MATRIZ ECONÔMICA DE PREÇOS [11]

---

[11] Nagle (2009).

A partir dessa matriz, é possível identificar de que forma a estratégia de preços da empresa sustentará uma competição saudável ou um bom resultado de vendas – ou poderá criar uma guerra de preços, o que é ruim para todos os integrantes do setor.

Táticas de preço

Preço no ciclo de vida do produto

Durante o ciclo de vida de um produto, surgem oportunidades de desenvolver diferentes estratégias de precificação para atender a diferentes objetivos. Na fase inicial, quando o produto é pouco conhecido, muitas empresas adotam a estratégia de preços reduzidos para gerar uma experimentação. Nesse caso, devido ao pequeno volume de vendas e da margem reduzida, o resultado tende a ser negativo. Na sequência, com o crescimento desse volume, as empresas tendem a reajustar seus preços; com vendas ainda mais expressivas, o produto torna-se lucrativo. Com a maturidade, essa situação é potencializada e já é possível recuperar o investimento inicial de desenvolvimento do produto. Finalmente, no declínio, a tendência é reduzir preços para investir em novos produtos (com novas tecnologias) que começam a ser lançados; é necessário, portanto, estimular o cliente a continuar a comprar a versão anterior.

Essas diferentes fases podem ser claramente visualizadas na figura 14.

FIGURA 14: CICLO DE VIDA DO PRODUTO

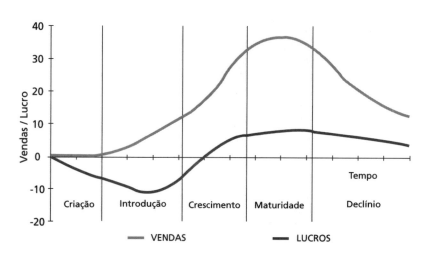

A partir dessa análise, é possível identificar as variações da margem de contribuição dos produtos, bem como sua política de preços. O quadro a seguir, desenvolvido por Assef (2002), mostra os diferentes estágios do ciclo de vida de um produto e a relação de cada estágio com as vendas e as margens de contribuição desse produto:

	Estágios			
	Introdução	**Introdução**	**Introdução**	**Introdução**
Vendas	baixas	crescentes	estáveis	baixas
Margens unitárias	mais elevadas	menos elevada	médias/baixas	baixas ou negativas
Margem total	baixa	menos elevada	mais elevada	baixa
Participantes	poucos	crescendo	decrescendo	poucos
Gastos com publicidade	altos	altos	de acordo com a concorrência	baixos ou zero

Produto isca e tipos de preço

Produto isca é uma estratégia cujo objetivo é sacrificar um produto para atrair clientes para a empresa. Escolher essa estratégia implica reduzir o preço do produto até zerar sua margem ou, até mesmo, deixá-la negativa.

EXEMPLO

A rede de restaurantes Habib's usa essa estratégia para atrair clientes e ter a oportunidade de vender novos produtos; o produto *bib'sfiha* é a *isca*, conforme a campanha[12] indicada no site da rede.

Preços não se pautam por um único critério. Há uma série de situações que, ao diferenciá-los entre si, vão direcioná-los para diferentes critérios. Seguem, pois, os diferentes tipos de preço:

Psicológico

Para linhas de produto

Geográfico

Para pacotes

De penetração ou *skimming*

Tipo de preço

Para licitações e leilões

---

[12] Fonte: Disponível em: <www.bibsfihahabibs.com.br/promocoes>. Acesso em: 16 jul. 2010.

FORMAÇÃO E GESTÃO DE PREÇOS

O preço final, pago pelo consumidor, pode variar de uma região geográfica para outra devido aos custos de transporte ou, mesmo, às características do público-alvo, à demanda, aos canais de venda utilizados e aos concorrentes regionais. Trata-se, aqui, do preço geográfico.

Preço geográfico é uma estratégia que utiliza diferentes preços para o mesmo produto, de acordo com sua região geográfica.

Estabelecer preços diferentes por região é adequado quando as condições de mercado são muito diferentes entre si. Na verdade, se os preços não sofrerem reajustes para se adaptar às diferentes regiões, a empresa pode perder mercado ou posicionar impropriamente o produto, que pode chegar muito caro ou barato demais às mãos do consumidor.

Como desvantagens dessa estratégia, há uma maior dificuldade na comunicação dos preços no caso de campanhas nacionais (TV e revistas de grande circulação) e quando há diferenças significativas de preço devido à marca do produto.

No que se refere ao preço psicológico, sua utilização pode ser percebida em qualquer anúncio de jornal, comercial de televisão ou site da internet. A prática de terminar os preços em 9 é bastante difundida, sobretudo no varejo, para estimular as vendas.

O *preço psicológico* pode ser definido como a prática de substituir o final dos preços dos produtos por números ímpares, para transmitir ao consumidor a ideia de que este vai poder levar, com desconto, não só o produto escolhido como também o troco.

EXEMPLO

Segundo pesquisa de Nagle (2001), a utilização estratégica do preço psicológico alavanca as vendas de margarina no mercado americano, conforme revela a tabela a seguir:

Marca A	Preço unitário	Unidades	Incremento
Preço regular	$ 0,83	2.817	
Preço com desconto	$ 0,63	8.283	(+ 194%)
Preço psicológico	$ 0,59	14.567	(+ 406%)

Marca A	Preço unitário	Unidades	Incremento
Preço regular	$ 0,89	5.521	
Preço com desconto	$ 0,71	9.120	(+ 65%)
Preço psicológico	$ 0,69	17.814	(+ 222%)

Quando uma empresa tem como objetivo aumentar suas vendas em um novo mercado, pode utilizar o preço de penetração ou *skimming*.

O preço de penetração é um tipo de estratégia em que a empresa utiliza, temporariamente, um preço abaixo da média de mercado com objetivo de ganhar visibilidade.

Já o *skimming* é tipo de estratégia em que a empresa determina um preço inicial mais alto para um público que está disposto a pagar mais caro por inovações. Com o passar do tempo, o produto deixa de ser novidade, perde valor para esse nicho de mercado e, por isso, a empresa promove uma revisão de seu preço.

EXEMPLO

O site de promoções Peixe Urbano[13] é um bom exemplo de empresa que utiliza essa estratégia. Por meio dele, a Yogen Früz utilizou a mesma estratégia para divulgar uma de suas unidades. Em dois dias, 433 produtos foram vendidos; esse resultado superou bastante o esperado. Segue a estratégia utilizada e suas condições:

De R$ 12,90 por R$ 1,90 (85% de desconto)

Condições:

- Cupom válido de 1º de julho de 2010 a 3 de janeiro de 2011.
- Limite de uso: 1 cupom por pessoa.
- Válido apenas para a Yogen Früz do Brasília Shopping
- Será cobrado R$ 1 por *topping* extra ou R$ 2 para 3 *toppings* extras.

Não cumulativo com outras promoções.

A primeira empresa que adotou a estratégia de posicionar sua linha de produtos e seus preços foi a General Motors, cuja experiência, datada do início do século passado, foi relatada por Sloan (2001).

Essa estratégia se divide em duas outras:

1. Linhas de preço: estratégia em que cada categoria de produtos tem um preço estabelecido. Por exemplo, uma loja em que todos os livros são vendidos por R$ 40 e todos os DVDs, por R$ 20.

2. Preço único: estratégia em que todos os produtos da loja têm o mesmo preço. As lojas de R$ 1,99, por exemplo, vendem todos os seus produtos por R$ 1,99.

Com o objetivo de aumentar o gasto médio dos clientes e incentivar a compra conjunta de alguns produtos complementares ao principal, algumas empresas adotam a estratégia do preço por pacotes. Segue a definição:

---

[13] Fonte: <www.peixeurbano.com.br/brasilia/ofertas/yogen-fruz-brasilia>. Acesso em: jul. 2010.

É a prática de cobrar um preço único por um pacote constituído de um produto básico e alguns produtos suplementares.

Nessa estratégia, é oferecido um desconto ao cliente como forma de incentivo à compra dos produtos suplementares no mesmo pacote. O maior desafio é determinar um desconto atrativo para aumentar o volume de vendas sem, contudo, prejudicar a lucratividade do portfólio.

> **EXEMPLO**
>
> A oferta a seguir foi extraída do site Submarino:
>
> TV LCD 32" = R$ 1.799,00
> *Home theater* = R$ 699,00
>
> Na oferta, os dois saem juntos por R$ 1.948,00. Fora do pacote, ambos sairiam por R$ 2.498,00 (R$ 1.799 + R$ 699). O site anunciava ainda que, com a compra do pacote, o consumidor economizaria R$ 550,00, o que é equivalente a um desconto de 22%.

Há mercados que, pela especificidade de suas características, necessitam de estratégias de preço diferenciadas, como é o caso de leilões e licitações, exemplos clássicos.

Nas vendas efetuadas por meio de leilões ou licitações, não há ofertas para todos os clientes, com o que é possível estabelecer preços abaixo da média praticada no mercado. Cabe destacar, ainda, que o volume a ser comprado e os objetivos de mercado também influenciam essa prática.

> **EXEMPLO**
>
> Um site em que é possível participar de leilões de preço é o Mercado Livre;[14] outros portais, como o Bondfaro[15] e o Buscapé,[16] oferecem a opção de pesquisa de preços para produtos, o que possibilita ao cliente identificar o menor preço disponível com maior facilidade.

---

[14] Veja-se <www.mercadolivre.com.br>. Acesso em: 27 jan. 2011.
[15] Veja-se <www.bondfaro.com.br>. Acesso em: 27 jan. 2011.
[16] Veja-se <www.buscape.com.br>. Acesso em: 27 jan. 2011.

Política de descontos

A redução no preço de venda deve ser utilizada com cuidado para evitar a redução da margem sem o correspondente aumento das vendas, objeto do desconto. Dentro da política de preços, devem ser estipuladas regras e condições para a concessão de descontos, a fim de evitar que estes sejam confundidos com o preço.

Seguem alguns critérios para a concessão de descontos:

Objetivo
Os descontos destinam-se a aumentar as vendas ou a atrair um novo perfil de clientes.

Prazo
Os descontos devem ser concedidos por um período determinado.

Estímulo
Os descontos devem estimular o aumento do consumo e atrair novos clientes.

As principais formas de desconto, segundo Churchill (2005), são:

Desconto	Definição	Exemplo
Desconto por quantidade	Redução do preço por unidade pela compra de maior quantidade	Bandeja de iogurte com quatro potes por R$ 2,60 (R$ 0,65 o pote), enquanto os potes são vendidos separadamente por R$ 0,92.
Desconto comercial	Redução no preço da tabela oferecida aos revendedores	Editora que vende livros para uma rede de livrarias com 70% de desconto.
Desconto para pagamento à vista	Redução no preço para incentivar o pagamento à vista	Postos de gasolina que vendem combustível mais barato para quem paga à vista.
Desconto por troca	Desconto pelo oferecimento de um produto junto com um pagamento em dinheiro	Concessionária de carros que recebe o automóvel usado em troca de um abatimento no preço do carro novo.
Desconto promocional	Desconto de curta duração para estimular vendas ou induzir experimentação	Folhetos que oferecem um desconto de 10%, válido por 30 dias, em um restaurante.

EXEMPLO

Segue um exemplo de desconto por quantidade:[17]

Linha de produtos da Vivo com planos pós-pagos						
Produto	Vivo Você 60 minutos	Vivo Você 100 minutos	Vivo Você 200 minutos	Vivo Você 400 minutos	Vivo Você 600 minutos
Preço	R$ 49,90	R$ 71,90	R$ 112,00	R$ 162,00	R$ 226,00
Preço por min	R$ 0,83	R$ 0,71	R$ 0,56	R$ 0,40	R$ 0,37

Maximização da lucratividade do portfólio

Após definir a estratégia de preço a ser utilizada, a empresa deve avaliar se os resultados obtidos atenderam às expectativas. Para ajudar nessa avaliação do portfólio de produtos, que inclui a relação entre a margem de contribuição e o volume de vendas, o gestor pode utilizar a matriz *margem × volume*, conforme a figura 15.

FIGURA 15: MARGEM *MATRIZ × VOLUME*

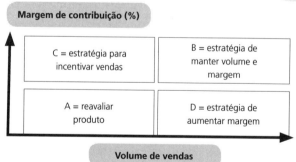

De acordo com os quadrantes, a empresa pode desenvolver estratégias como:

Quadrante A: os produtos apresentam baixo volume de vendas e margem de contribuição também pequena; é preciso, então, reavaliar a necessidade desses produtos dentro do portfólio.

Quadrante B: nessa situação, os produtos têm grande volume de vendas e margem de contribuição igualmente alta; deve, pois, ser mantida essa posição com investimentos em comunicação.

---

[17] Fonte: <www.vivo.com.br/portal/para-voce-planos-pos-vivo-voce.php>. Acesso em: jul. 2010.

Quadrante C: é comum existirem produtos com excelente margem de contribuição dentro do portfólio, mas sem volume de vendas significativo. A principal estratégia nesse caso é incentivar as vendas por meio de ofertas diferenciadas e formação de pacotes.

Quadrante D: os clientes tendem a ter maior sensibilidade a mudanças nos preços de produtos com grande volume de vendas; por isso, a estratégia principal aqui é agregar valor a esses produtos para aumentar sua margem de contribuição.

Estratégias de preço no varejo

Fatores que influenciam o preço no varejo

O elemento *preço* vem sendo utilizado como um dos principais fatores dentro do mix de marketing das empresas varejistas brasileiras, segundo Parente (2000). No varejo, setor bem diferente dos demais, o cliente tem a possibilidade de comparar os preços que por cada varejista pratica para o mesmo produto.

Esse setor tem ainda algumas *especificidades* que, na verdade, são condições para a escolha da estratégia de preço mais adequada – trata-se aqui dos fatores que influenciam o preço dos varejistas e condicionam as vendas: o *tipo de produto* e a *área de influência da loja*.

É importante, na escolha do preço de venda, considerar a perecibilidade e a exclusividade dos produtos que são vendidos.

Os produtos perecíveis tendem a ser vendidos com um preço mais alto no início da vigência do prazo de validade; ao longo do tempo, esse preço vai sendo reduzido como forma de minimizar prejuízos decorrentes do vencimento desse prazo. A perecibilidade pode, ainda, ser classificada em:

Física	De estilo	Sazonal
• Alimentos que se deterioraram.	• Produtos que perdem seu valor com o tempo, como roupas e softwares.	• Produtos vendidos somente em datas festivas, como a Copa do Mundo.

Quanto à exclusividade, a fim de escolher estratégias de preço diferenciadas, o gestor precisa avaliar não só se o produto comercializado é único, como também se possui benefícios diferenciados em relação aos demais oferecidos no mercado.

A estratégia de preços deve considerar a área de influência da loja, pois a utilização de preços mais baixos pode contribuir para a ampliação de sua área de influência, conquista de clientes que compravam em outras lojas e, consequentemente, para o aumento do volume de vendas.

Os segmentos de mercado que apresentam menor área de influência têm clientes menos sensíveis a preço. É o caso das lojas de conveniência.

Para as lojas que vendem produtos de compra planejada e apresentam significativa área de influência, o preço torna-se fundamental para atrair clientes.

Lojas de eletroeletrônicos e concessionárias de carros, por exemplo, vêm exercendo poder de atração cada vez maior sobre os clientes da concorrência a partir da mudança de preços.

> **COMPRA PLANEJADA**
>
> Tipo de decisão de compra onde o cliente faz pesquisa sobre o produto, empresa, preço, busca referências e comparativos. Geralmente esse tipo de decisão de compra está associada a um alto valor ou de um bem durável.

Táticas de preço para varejistas

As táticas são quatro:

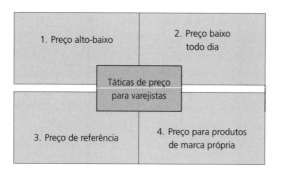

Na primeira tática, uma negociação especial com os fornecedores, consequência de grande volume de compras ou descontos recebidos (dos próprios fornecedores), permite que os varejistas possam oferecer descontos em alguns produtos; porém a oferta é limitada a certa quantidade de itens. Com o fim desse estoque, os produtos voltam ao preço normal.

Outra opção é oferecer preço baixo todo dia (segunda tática) como estratégia para conquistar a confiança do consumidor e também sua preferência para as compras. O principal risco dessa estratégia é uma possível guerra de preços com os concorrentes que também resolvam adotá-la. No entanto, a redução nas margens, sem o correspondente aumento nas vendas, pode vir a reboque da redução no preço, o que, certamente, implicará queda nos lucros da empresa, já que essa tática (do *preço baixo todo dia*) exige, em contrapartida, grande volume de vendas.

O preço de referência (terceira tática) é utilizado quando o varejista compara o preço inicial do produto com o preço oferecido, já com desconto, na promoção. Algumas empresas adotam como política aumentar o preço de referência para aumentar o valor do desconto oferecido, o que pode resultar em poderoso estímulo aos impulsos dos clientes, que, assim, efetuam a compra, objeto do varejista.

Alguns grandes varejistas desenvolveram *produtos com marca própria* (quarta tática) a fim de apresentar em seu portfólio alguns itens que pudessem ser oferecidos com preços mais baixos.

As principais vantagens dessa estratégia são: aumentar o volume de vendas ao atingir um novo perfil de clientes, dispor de um produto que não é vendido pela concorrência e associar sua marca a preços mais acessíveis.

Estratégias de preço em serviços

Desafios das empresas de serviços

Diferentemente de empresas industriais e varejistas, as empresas de serviços enfrentam outros desafios. Lovelock e Wright (2004) indicam o *gerenciamento de demanda e capacidade* como um dos maiores. Os autores salientam, ainda, que vencer esse desafio deve ser objeto da estratégia de preços no momento mesmo de sua definição.

Empresas de serviços têm de acompanhar demanda e oferta para garantir a otimização de sua capacidade produtiva.

Alguns exemplos são hotéis, companhias aéreas e empresas de serviços especializados (como consultorias) que, para evitar que sua capacidade produtiva fique ociosa, *oferecem incentivos de preço* e *promovem a demanda fora da alta estação* – estratégias para o *gerenciamento da oferta* propostas por Fitzsimmons e Fitzsimmons (2005).

Na primeira estratégia, são oferecidos incentivos, como preços reduzidos, para estimular o consumo do serviço em dias e horários de menor demanda. São exemplos:

- tarifas noturnas e de fim de semana diferenciadas para ligações de longa distância;
- preço reduzido em algumas sessões de cinema;
- diárias de hotéis com preços diferenciados em baixa temporada.

O gerenciamento da demanda e da ociosidade é uma questão crítica para empresas de serviços que precisam maximizar o uso de sua equipe. As ações relacionadas ao preço (segunda estratégia proposta por Fitzsimmons e Fitzsimmons) devem ter como objetivo minimizar essa sazonalidade com ofertas, promoções e atração de novos clientes. Alguns exemplos de ações em baixa temporada são:

- hotéis que podem ser utilizados para convenções;
- estações de esqui que podem ser utilizadas como centro de treinamento;
- companhias aéreas que contratam pacotes com agências de viagem.

Estratégias de preço para reduzir riscos em serviços

As empresas de serviços precisam de estratégias de preço diferenciadas devido às suas características. Lovelock e Wright (2004) destacam como principais estratégias para reduzir a incerteza sobre a compra de serviços: *precificação de garantia de serviços, precificação baseada em benefícios* e *precificação pela tarifa uniforme*.

Oferecer uma garantia de satisfação ao cliente ou garantir o reembolso dos valores pagos é o objetivo da precificação de garantia de serviços. Como resultado, espera-se reduzir a incerteza e o risco do cliente ao comprar um serviço que pode não atender às suas expectativas.

Entender o que o cliente espera do serviço, melhor dizendo, as singularidades que realmente importam para esse cliente e, a partir daí, precificá-las é o principal desafio da precificação baseada em benefícios. Essa abordagem exige que os profissionais de marketing e vendas façam pesquisas com seus clientes para entender como desejam usar os serviços e quais os benefícios que esperam receber da empresa.

EXEMPLO

Um exemplo da aplicação dessa estratégia está na análise da estratégia de cobrança do uso da internet pelo celular. Algumas operadoras utilizam o tempo de conexão como forma de cobrança, enquanto outras utilizam o total de dados utilizados durante a conexão.

EXEMPLO

Outro exemplo são os diferentes preços cobrados por determinados lugares, como os setores de um estádio ou os camarotes de um teatro.
O principal fator na definição do preço é o benefício desejado pelo cliente, nesse caso, comodidade e melhor visualização do evento.

Enquanto a primeira forma de cobrança entende que seus clientes valorizam o tempo de conexão para busca de informações, a segunda avalia que o principal benefício percebido pelo cliente é o tipo de informação, que impacta diretamente no volume de dados utilizado, uma vez que são essas informações que ele, efetivamente, vai buscar; natural, pois, que deseje pagar somente por elas.

Definir previamente o preço a ser cobrado do cliente a fim de evitar surpresas que podem influenciar o valor total do serviço é o desafio da *estratégia de precificação pela tarifa uniforme*. O resultado é a transferência do risco para a empresa, ou seja, esta – e não o cliente – assume o risco.

EXEMPLO

Um exemplo é um serviço médico mais complexo e demorado do que o previsto inicialmente. Como os valores foram definidos *previamente*, os custos adicionais serão de responsabilidade da empresa, e não do paciente.

Base de preços em serviços

A decisão sobre a base de preços exige que se defina uma unidade de consumo para o serviço prestado ao cliente.

Algumas das unidades de consumo mais utilizadas são:

Conclusão de uma etapa ou de todo o serviço	• lavagem de roupas • corte de cabelo
Tempo de uso do serviço	• hora do advogado • hospedagem em quarto de hotel • serviço de TV por assinatura
Consumo de recursos físicos	• frete por km em empresas de transporte • consumo de serviços de energia elétrica e água

A fim de determinar o preço do serviço, a empresa deve determinar o custo da unidade de consumo, já definida, e avaliar os próprios pontos fortes e fracos – como a capacidade produtiva, a ociosidade e a sazonalidade. Além disso, precisa avaliar os concorrentes, sobretudo os procedimentos de cobrança que empregam.

Os locais onde os serviços são executados podem não ser adequados para o prestador receber o pagamento (por exemplo, teatros e estádios, devido às filas de espera). Assim, como estratégia para melhorar a experiência de compra e o consumo do serviço, é importante disponibilizar para o consumidor canais alternativos de reserva e pagamento, como telefone ou internet.

Quando o serviço prestado deve ser pago? Aspecto importante, o fator tempo também deve ser considerado. O pagamento deve ser antecipado ou efetuado após a prestação do serviço. No primeiro caso, o comprador paga o valor total ou um sinal, como forma de garantia, antes de receber o benefício.

Avaliação da política de preços

Indicadores de preço

Para a revisão da política de preços empregada e sua adequação ao mercado, é importante utilizar indicadores de desempenho que ajudem na tomada de decisão.

Os principais indicadores que podem apoiar a avaliação da política de preços são:

(a) preço médio;

(b) giro de estoques;

(c) ciclo operacional e financeiro;

(d) venda por m^2

(e) área ocupada pelo produto e margem;

(f) gasto médio por cliente.

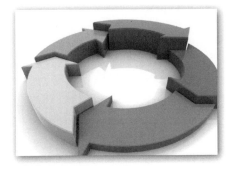

A utilização do *indicador de preço médio* permite avaliar o impacto de descontos, promoções, pacotes e outras ações sobre a lucratividade de um produto. Segue a fórmula para determinar o preço médio de um produto:

> **Preço médio = receita total do produto no período ÷ número de unidades vendidas**

Com essa informação, é possível calcular a diferença entre o preço médio de venda e o preço inicial definido. Uma grande variação nesse resultado pode sugerir dificuldade da empresa ou de sua equipe de vendas para comunicar o valor do produto ao cliente.

Um dos indicadores mais críticos para avaliar o desempenho de qualquer empresa varejista é o *giro dos estoques*.

> **CONCEITO-CHAVE**
>
> *Giro de estoque* é o tempo médio de que a empresa dispõe para vender todo o seu estoque.

Segue a fórmula de cálculo do giro dos estoques:

> **Estoque médio = estoque inicial + estoque final ÷ 2**
>
> **Giro dos estoques = quantidade vendida ÷ estoque médio**

Se houver pouco tempo disponível para a venda dos produtos, então há adequação entre o produto e a estratégia de preço empregada. Em alguns casos, o resultado do indicador alerta sobre a oportunidade de aumentar o preço praticado devido ao grande interesse do mercado pelo produto.

Outro indicador importante da política de preços, o *ciclo operacional e financeiro*, está relacionado às formas de pagamento oferecidas ao cliente. Quando existe a política da venda a prazo financiada pela própria empresa, esta necessita controlar a parte operacional e, sobretudo, a parte financeira do ciclo.

Quando um produto é vendido, o tempo necessário para a venda deve ser *inferior* ao prazo médio da empresa para quitar seus compromissos junto ao fornecedor. Por isso, é fundamental que o tempo de giro dos estoques também seja inferior a esse prazo. Caso todas as vendas sejam realizadas à vista, não haverá problema com falta de caixa para que a empresa pague aos fornecedores.

Nas vendas parceladas, o prazo do cliente para quitar seus débitos junto à empresa deve ser *inferior* ao prazo da empresa para liquidar os próprios débitos junto aos fornecedores; daí a importância do ciclo financeiro.

> **CONCEITO-CHAVE**
>
> *Ciclo financeiro* é a diferença de tempo existente entre o pagamento ao fornecedor e o efetivo recebimento dos clientes.

Caso exista algum pagamento a efetuar junto aos fornecedores cujo prazo expire antes da data do efetivo recebimento dos clientes, a política de preços da empresa deve ser alterada, o que inclui soluções como:

- redução do prazo para venda ao cliente;
- busca de uma instituição financeira que seja responsável pela venda a prazo;
- renegociação com os fornecedores para ampliação do prazo de pagamento;
- aumento da taxa de juros praticada para a venda a prazo, a fim de cobrir os custos de financiamento em bancos para pagamento aos fornecedores.

A linha do tempo apresentada a seguir ilustra essa relação entre os prazos de *compra, venda, recebimento* e *pagamento*:

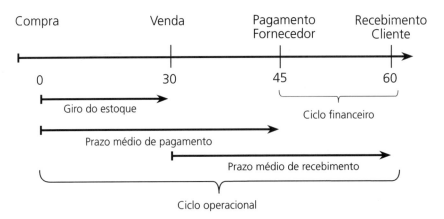

O gerenciamento da área útil de vendas e da receita gerada pelos produtos expostos é um fator que contribui para a revisão tanto da política de preços quanto da disposição dos produtos em uma loja.

ESTRATÉGIA DE PREÇOS | **95**

> **EXEMPLO**
>
> Produtos que geram pouca receita, mas ocupam grande parte da área útil de vendas, podem ser removidos ou ter sua área diminuída para a exposição de produtos com maior potencial de geração de receita.

Esse indicador deve ser calculado por grupo de produtos, conforme a seguinte fórmula de cálculo:

> **Venda por m^2 = receita total do produto ÷ área ocupada pelo produto**

O gasto médio por cliente ajuda a avaliar se as estratégias de preço empregadas em venda de pacotes, descontos e promoções estão contribuindo para o aumento da receita total.

No entanto, se somente os clientes que já compravam os produtos passam a comprar também os pacotes e as promoções, o resultado é a diminuição da receita total da empresa. Trata-se de um dos principais problemas dessa estratégia.

Segue a fórmula de cálculo para acompanhar o gasto médio dos clientes:

> **Gasto médio por cliente = receita total da empresa ÷ número de clientes**

Esse indicador deve ser acompanhado mensalmente, para que a empresa desenvolva novas estratégias de preço que incentivem os clientes mais antigos a ampliar suas compras.

Painel de gestão de preços

Devido ao grande número de informações necessárias para definir o preço de venda e acompanhá-lo, é recomendável a construção de instrumentos que apoiem uma análise consolidada.

Com esse objetivo, a planilha da figura 16 ilustra um instrumento que pode ajudar a definir o preço de venda de um produto. Por meio dela, é possível avaliar *volume de vendas, gasto médio, giro do estoque* e também identificar mais facilmente *oportunidades de melhoria na estratégia de precificação.*

FIGURA 16: PLANILHA PARA PRECIFICAÇÃO DE PRODUTOS

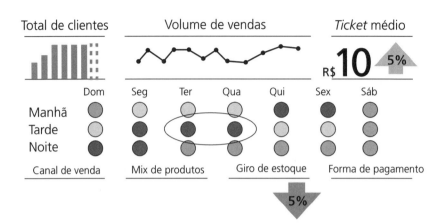

A partir das informações disponibilizadas, é possível identificar, por exemplo, que em alguns dias da semana existem problemas quanto às vendas do produto, que sofrem uma queda. Assim, é possível desenvolver estratégias de preço diferenciadas para alguns dias da semana ou até para horários específicos, a fim de estimular o aumento das vendas.

Também a partir do painel, é possível perceber que alguns produtos estão perdendo vendas, embora o número total de clientes não tenha sofrido alterações. Essa informação pode alertar a empresa sobre uma canibalização entre produtos, caso em que uma mudança nos preços do portfólio pode ajudar a resolver o problema.

Como *estratégias corporativas* e *objetivos de mercado* diferem de uma empresa para outra, a construção de um painel de preços deve levar em consideração os indicadores *mais relevantes para cada empresa*.

Quando existem restrições do mercado às mudanças no preço, é possível utilizar outras ações de adaptação[18] como estratégia. Seguem algumas:

- redução ou remoção de características do produto para reduzir custos;
- redução ou remoção de serviços, como instalação, entrega gratuita e prazo de garantia longo;
- uso de material de embalagem mais barato ou uso de embalagens maiores para reduzir custos;
- redução do tamanho do produto;
- substituição de insumos e matérias-primas por opções mais baratas.

---

[18] Las Casas (2006).

Há muitas situações em que o cliente deixa de comprar o produto por causa do preço cobrado. Para evitá-las ou revertê-las, há algumas estratégias como:

- apresentar ao cliente as principais características do produto e seus respectivos diferenciais;
- descobrir, entre os pontos fortes do produto, os mais relevantes para o cliente;
- dizer (ao cliente) que outros clientes recomendam o produto (ou avaliar positivamente o produto durante a argumentação com o cliente);
- avaliar se há outros itens, além do preço, que estão influenciando a decisão do cliente e tentar negociá-los;
- conhecer as alternativas de compra do cliente para poder contra-argumentar, pois assim a empresa evitará reduzir o preço de venda do produto e, com isso, manterá a lucratividade do seu portfólio de produtos.

Acrescente-se, finalmente, que tais medidas visam alinhar a estratégia de precificação da empresa com a de sua equipe de vendas, bem como sustentar o posicionamento de mercado da empresa.

Bibliografia

ASSEF, R. *Manual de gerência de preços*. Rio de Janeiro: Campus, 2002.

BAKER, Michael. *Administração de marketing*. Rio de Janeiro: Elsevier, 2005.

BERNARDI, Luiz Antonio. *Manual de formação de preços*. São Paulo: Atlas, 2007.

BRUNI, Adriano Leal; FAMÁ, Rubens. *Gestão de custos e formação de preços*. 4. ed. São Paulo: Atlas, 2004.

CHURCHILL, G. *Marketing*: criando valor para os clientes. São Paulo: Saraiva, 2005.

_____; PETER, J. Paul. *Criando valor para os clientes*. Rio de Janeiro: Saraiva, 2005.

COELHO, S. F. *Formação estratégica de precificação*: como maximizar o resultado das empresas. São Paulo: Atlas, 2009.

CORBETT, T. *Contabilidade de ganhos*. São Paulo: Nobel, 1997.

COSTA, C. E. da. *Métodos de custeio*: a melhor escolha para obtenção de lucro. *Administradores.com*, mar. 2010. Disponível em: <www.administradores.com. br/informe-se/artigos/metodos-de-custeio-a-melhor-escolha-para-obtencao-de-lucro/43545/>. Acesso em: jul. 2012.

FARRIS, P. et al. *Métricas de marketing*: mais de 50 métricas que todo executivo deve dominar. Porto Alegre: Bookman, 2007.

FITZSIMMONS, J.; FITZSIMMONS, M. *Administração de serviços*: operações, estratégia e tecnologia da informação. Porto Alegre: Bookman, 2005.

GARRISON, Ray H.; NOREEN, E. *Contabilidade gerencial*. Rio de Janeiro: LTC, 2001.

HOOLEY, J.; SAUNDERS, J.; PIERCY, N. *Estratégia de marketing e posicionamento competitivo*. 3. ed. São Paulo: Pearson Prentice Hall, 2005.

HORNGREN, C. T.; DATAR, S. M.; FOSTER, G. *Contabilidade de custos*: uma abordagem gerencial. São Paulo: Prentice Hall, 2004.

KIM, W. C.; MAUBORGNE, R. *A estratégia do oceano azul*: como criar novos mercados e tornar a concorrência irrelevante. Rio de Janeiro: Elsevier, 2005.

KOTLER, Philip. *Administração de marketing*. São Paulo: Pearson Education do Brasil, 2000.

LAS CASAS, A. L. *Administração de marketing*: conceitos, planejamento e aplicações à realidade brasileira. São Paulo: Atlas, 2006.

LEONE, George. *Contabilidade de custos*. São Paulo: Atlas, 1997.

LOVELOCK, Christopher; WRIGHT, Lauren. *Serviços*: marketing e gestão. São Paulo: Saraiva, 2004.

NAGLE, Thomas. *The strategy and tactics of pricing*. New Jersey: Prentice Hall, 2001.

_____. Defending profitability in a downturn: strategies for taking advantages of tumultuous times. *Monitor Group*, abr. 2009. Disponível em: <www.monitor.com/portals/0/monitormedia/breezecasts/DefendingProfitabilityinaDownturn/>. Acesso em: jul. 2010.

_____; HOGAN, John E. *Estratégia e táticas de preços*. 4. ed. São Paulo: Pearson Education do Brasil, 2007.

OLIVEIRA, Braulio Alexandre Contento de; MATTAR, Fauze Najib. Canibalismo entre produtos: disfunção ou alternativa estratégica? *Revista FAE*, Curitiba, v. 3, n. 3, p. 39-45, set./dez. 2000. Texto revisado. Disponível em: <www.fae.edu/publicacoes/pdf/revista_da_fae/fae_v3_n3/canibalismo_entre_produtos.pdf>. Acesso em: jul. 2012.

PARENTE, Juracy. *Varejo no Brasil*: gestão e estratégia. São Paulo: Atlas, 2000.

PORTER, Michael E. Vantagem competitiva: criando e sustentando um desempenho superior. 4. ed. Rio de Janeiro: Campus, 1992.

SLACK, N.; CHAMBERS, S.; JOHNSTON, R. *Administração da produção*. 2. ed. São Paulo: Atlas, 2002.

SLOAN, Alfred. *Meus anos com a General Motors*. São Paulo: Negócio, 2001.

Sobre o autor

Gilberto Porto possui MBA em inteligência competitiva pela UnB, pós-graduação em controladria pela UnB, extensão em estratégia pela Harvard Business School e graduação em administração pela UnB. É professor na rede FGV Management no MBA em marketing no módulo Formação e Administração de Preços. Assina uma coluna no jornal *Correio Braziliense* em que trata de assuntos diversos da área de gestão empresarial. Já desenvolveu estratégias de precificação para empresas dos segmentos de telecomunicações, tecnologia da informação, serviços, saúde, alimentação, educação, franquias, varejo, mercado financeiro, entre outros. Já foi reconhecido pelo Instituto Ethos pela sua contribuição no ensino de gestão organizacional. Autor de diversos artigos publicados e palestrante em congressos no Brasil e exterior.

Impresso nas oficinas da
SERMOGRAF - ARTES GRÁFICAS E EDITORA LTDA.
Rua São Sebastião, 199 - Petrópolis - RJ
Tel.: (24)2237-3769